I0567645

DISCLAIMER

The author and publisher are providing this book and its contents on an "as is" basis and make no representations or warranties of any kind with respect to this book or its contents. The author and publisher disclaim all such representations and warranties, including but not limited to warranties of merchantability. In addition, the author and publisher do not represent or warrant that the information accessible via this book is accurate, complete, or current.

Except as specifically stated in this book, neither the author nor publisher, nor any authors, contributors, or other representatives will be liable for damages arising out of or in connection with the use of this book. This is a comprehensive limitation of liability that applies to all damages of any kind, including (without limitation) compensatory; direct, indirect, or consequential damages; loss of data, income, or profit; loss of or damage to property; and claims of third parties.

This Book Offers Free Bonus Puzzles

Available Here:

BestActivityBooks.com/WSBONUS20

5 TIPS TO START!

1) HOW TO SOLVE

The Puzzles are in a Classic Format:

- Words are hidden without breaks (no spaces, dashes, ...)
- Orientation: Forward & Backward, Up & Down or in Diagonal (can be in both directions)
- Words can overlap or cross each other

2) LEVEL UP THE GAME!

A space is provided next to each word to write new ones, translations or notes. We also offer a convenient **NOTEBOOK** at the end of this edition. It can help you organize your annotations, new words and/or observations.

3) TAG YOUR WORDS

Have you tried using a tag system? For example, you could mark the words which have been difficult to find with a cross, the ones you loved with a star, new words with a triangle, rare words with a diamond and so on...

4) EASY TO CUT!

The Puzzles come with an Extra Large margin to easily cut the page out of the book. Some people may feel it more convenient to solve them this way.

5) FINISHED?

Go to the bonus section: **MONSTER CHALLENGE** to find a free game offered at the end of this edition!

Want **more fun** and activities to **relax? It's Fast and Simple!** An entire Game Book Collection **just one click away!**

Find your next challenge at:

BestActivityBooks.com/MyNextWordSearch

Ready, Set... Go!

Did you know there are around 7,000 different languages in the world? Words are precious.

We love languages and have been working hard to make the highest quality books for you. Our ingredients?

One part easy-to-read print, three parts entertainment, then we add some challenging words and a pinch of rare ones. We brew them with care to serve you lots of fun and an opportunity to solve the best puzzles.

Your feedback is essential. You can be an active participant in the success of this book by leaving us a review. Tell us what you liked most in this edition!

Here is a short link which will take you to your Amazon orders review page.

BestBooksActivity.com/Review50

Thanks for your fidelity and enjoy the Game!

Delta Classics Team

Puzzle 1

P	I	H	A	M	B	I	N	G	Q	C	W	Y	M	I
A	M	O	Z	D	G	N	O	T	E	L	P	M	U	K
G	I	T	D	K	J	Q	N	N	T	O	C	A	T	S
P	Y	K	B	O	Y	A	O	I	H	U	U	J	L	B
U	E	E	O	S	M	F	T	Y	A	D	A	K	A	L
P	R	P	O	A	P	Q	R	A	N	R	O	Q	E	K
U	K	A	L	M	H	G	Z	K	K	A	B	Q	B	L
L	U	A	N	I	J	I	E	A	F	Z	Q	F	R	D
O	L	K	A	H	L	B	H	P	U	I	Z	T	O	F
N	E	A	P	G	P	W	S	T	L	L	I	G	S	S
G	S	K	P	N	A	Q	T	R	L	Y	U	E	B	E
I	P	A	M	A	H	A	G	I	Y	M	Y	H	A	H
I	X	M	S	M	X	E	H	H	U	A	H	O	F	Q
R	E	L	A	S	Y	O	N	S	A	A	T	G	A	P

RELASYON   PAGPUPULONG
PANLOOB   CAT
MIYERKULES   MAKAKAAPEKTO
LIZARD   LAMAN
THANKFULLY   ABSORB
NIYAKAP   LAKAD
SHIRT   MANGHIMASOK
IHAMBING   CLOUD
IPAMAHAGI   KUMPLETONG
PAGTAAS   SUMUGOD

Puzzle 2

```
Y  B  E  F  N  S  U  U  Z  F  B  M  M  N  N
X  A  M  I  O  W  F  F  I  R  V  A  E  A  A
J  Y  A  M  I  U  D  O  U  R  R  L  D  G  T
C  H  T  I  E  T  N  H  A  M  A  A  I  L  U
C  D  I  J  V  O  A  T  W  L  H  K  K  A  P
M  A  T  A  O  W  M  K  A  L  T  I  A  L  A
L  W  B  V  Y  E  E  F  I  I  J  N  L  A  D
R  J  V  G  A  L  D  G  D  P  N  G  L  M  L
Z  X  D  Y  B  S  W  J  E  G  K  C  Y  A  M
P  V  W  N  A  G  N  A  M  A  L  A  K  N  N
P  E  L  I  K  U  L  A  P  R  E  S  Y  O  N
F  Q  P  V  L  X  M  A  L  U  N  G  K  O  T
M  A  P  A  G  M  A  H  A  L  Z  I  C  G  Y
K  A  L  I  K  A  S  A  N  X  I  V  V  N  W
```

MEDIKAL	PELIKULA
MATA	PILL
MALAKING	KALAMANGAN
PRESYON	BRUHA
MAPAGMAHAL	NAGLALAMAN
MALUNGKOT	KALIKASAN
DEMAND	FOUNTAIN
MEDIA	KABAYO
NATUPAD	CHAIN
AMA	TOWEL

Puzzle 3

```
K T E M O G B E L E T S B O R
H R Z T N A T S N I Z P I S F
C N W A M X E B M K M B N E A
P U Y B A V K A M I G R A T E
A A T W Y L N X A X C N A S N
K S S R X I V F Q I I G G U A
I Z B R G P H E N X N C G G S
A R R A S I S U A M N T N X I
N B M Y L L O H P Z A U A E Y
E I N A M A L A A K M R B Y A
I D K R O W T E N B O K G Z H
L A Q U T I W A L A N E A J A
S V D S I U G I L I D Y N Y N
R E P O R M A L V S V T D Q V
```

NAGBANGGAAN   TIWALA
REPORMA   GUST
CINNAMON   TURKEY
NETWORK   HOLLY
KAYANG   LIP
INSTANT   BALAT
SURAY   KAALAMAN
NASIYAHAN   GILID
GINAMIT   MAUSISA
HEN   MIGRATE

Puzzle 4

```
A  I  R  P  L  A  N  E  D  A  G  A  A  K  M
S  T  L  I  L  I  T  A  W  N  I  F  F  U  P
T  A  T  I  M  E  G  Z  O  T  L  I  S  Q  G
O  X  E  X  M  C  T  B  W  S  A  H  W  A  O
O  I  K  J  M  A  K  L  U  Q  S  G  J  T  J
L  C  C  L  O  A  T  B  T  D  U  Y  R  B  Z
E  C  O  A  T  G  C  U  X  A  G  O  T  Z  Z
F  L  R  A  M  O  G  S  L  D  B  R  O  W  N
U  V  M  M  M  B  O  I  M  I  I  I  I  E  V
M  U  Y  P  F  Y  B  L  Z  L  S  C  N  P  R
T  W  A  E  W  E  L  A  I  A  G  A  T  S  E
W  C  L  D  Z  R  I  N  P  K  M  L  L  U  X
T  Z  U  N  Q  N  N  G  M  A  T  A  K  O  T
Y  F  K  L  Q  O  N  A  P  U  P  U  N  T  A
```

GOBYERNO	ROCKET
GUSALI	MATAKOT
GOBLIN	KAAGAD
TAXI	KULAY
LILITAW	PUFFIN
AIRPLANE	KALIDAD
SILANG	NAPUPUNTA
TIME	TUMATAKBONG
BROWN	MATULIS
SUBCOMPACT	STOOL

Puzzle 5

```
I  I  S  F  U  M  A  P  A  Y  A  P  A  N  G
M  E  H  H  T  T  D  A  H  I  L  A  N  Q  Y
B  P  R  O  P  E  R  T  Y  L  A  S  B  A  G
E  S  A  H  C  J  W  L  T  U  R  B  C  R  Z
N  B  Z  R  C  Y  U  U  D  H  U  K  U  N  L
T  D  T  L  O  K  M  L  I  O  M  U  G  T  O
U  M  B  V  A  A  N  F  S  G  H  L  G  U  Q
H  Y  K  B  Y  V  A  I  O  N  G  H  T  M  N
I  R  F  O  W  M  G  I  R  M  F  H  M  A  P
N  M  D  X  I  W  O  B  D  W  M  V  T  W  K
P  U  G  O  N  Q  E  R  E  K  O  O  C  A  S
T  N  A  S  I  R  A  S  R  E  N  N  I  D  W
R  E  C  O  V  E  R  Y  T  C  P  C  L  X  I
I  T  L  O  G  A  U  T  O  M  O  B  I  L  E
```

ITLOG	BOX
IMBENTUHIN	MAPAYAPANG
PUGON	WEST
PROPERTY	COOKER
NASIRA	RECOVERY
TUMAYO	LUKAB
TUMAWA	DISORDER
AUTOMOBILE	CHASE
DINNER	LUHO
DAHILAN	MURAL

Puzzle 6

```
S D A Y U H A N P S O Y V H N
A H Y U C T N O H A N A P L A
A V W L A J R O R R E M U N S
N D X M K G C L L C I M O T A
M P E H E K U T I B O X G G S
A R A T A L A H A N A Y A N A
N E V G B U H O L E O Y B E K
G N M N T M I N O R Y A A L T
M G Y I K A D U M A L O B B A
R I H W D P T B W U N C G I N
V N L A W A B A B G A N A S Y
Y E K A N I L A S O D W P O D
M A L U B H A N G A E S J P W
K A L A L A K I H A N J H Y X
```

PANAHON
KALALAKIHAN
SAANMAN
DAYUHAN
NASASAKTAN
ENGINE
EHEKUTIBO
MINORYA
PAGBABAGO
POSIBLENG

ATOMIC
NAGBABAWAL
SHOCK
MALUBHANG
KANILA
TALAHANAYAN
BUHOL
DUMALO
ERROR
PAGTATASA

Puzzle 7

```
N  I  Z  P  P  P  A  S  H  J  S  F  D  L  Z
A  B  A  L  A  M  A  W  R  A  Y  N  I  P  M
K  W  G  D  E  V  B  N  C  Z  L  H  F  Y  O
R  I  L  N  E  M  A  H  I  A  M  A  X  Z  R
Z  R  I  Z  O  F  B  Y  V  N  S  E  M  Z  F
E  C  R  A  C  S  I  R  T  L  G  Y  H  A  S
I  R  R  I  T  A  B  L  Y  H  N  I  A  I  N
B  O  L  U  N  T  A  R  Y  O  N  G  N  D  M
T  I  L  K  I  A  P  A  P  G  A  P  R  E  A
L  E  O  P  A  R  D  N  A  M  U  L  I  Y  L
R  E  S  U  L  T  A  U  A  B  G  A  Q  A  A
C  U  P  C  A  K  E  L  E  Z  J  U  M  T  P
X  M  A  N  A  N  A  T  I  L  I  N  G  O  I
S  A  M  A  H  A  N  D  P  O  T  G  W  A  T
```

LEOPARD	IRRITABLY
SAMAHAN	IDEYA
MALAPIT	PINYA
BOLUNTARYONG	IBABA
PAGPAPAIKLI	POT
MULI	LUNAR
MANANATILING	HALAMAN
CINEMA	ABALA
PANINGIN	CUPCAKE
RESULTA	SCARCE

Puzzle 8

```
V A L E N T I N E R B D B K N
G L F L C I F O G E F N X B A
N X C P I W T N C V J H I G L
O F X M N Z A I M I Z U E N U
K O Z I O B C P P E Z N G A L
I Y N S I K D I I W E I N M U
T N G A T N L P N N B A O A G
A S K N I A I N I K H T P L O
R A A U D S W I G D T N S I D
K Q E F U G Y M A A W U F B Y
O Y L T A E R T N L L O O P J
M M A K I L A L A F H M P A N
E I P A S O K X P J W A V I A
D I B I N I G A Y R H U H S M
```

TREAT   SPONGE
WILDCAT   TADHANA
PIPINO   AUDITION
REVIEW   LEAK
MAKILALA   VALENTINE
IPASOK   IBINIGAY
HAPPY   MOUNTAIN
PANAGINIP   LAMANG
NALULUGOD   KAKAIBANG
DEMOKRATIKONG   SIMPLE

Puzzle 9

```
K C O M T F G Z N K L P P S V
N A P E O T A B A M V A R O I
U W P R K T U S H M Y N A P Q
S A V A A M A P A F I D K A B
O B S H T W K N T N E I T S V
L M U G A I A T S L W K I O D
A I L K N U D Y I T R I K P F
P L G A O K S F L E A T A I V
P A Y K S G W F P L T T L L A
P H C T S I Z P N O I T C I F
X Z M O E D O K I L L T T N A
U E S R L C M E K J I I Y M E
K A L K U L A H I N M U C U L
Y M P E I U D U G O S Q U I D
```

BATO
LESSON
FICTION
KAPATID
DUGO
COPPER
LIKOD
MILITAR
AKTOR
HALIMBAWA

PRAKTIKAL
LISTAHAN
PANDIKIT
NATAKOT
PAGKAWASAK
LEAF
KALKULAHIN
SOPAS
SQUID
HARE

Puzzle 10

```
S P I D E R D N J B K H Q N R
D O L L M A P A N G A N I B E
T O O T H B R U S H Q S L O C
K O G N A Y U K U L A S A K R
P A N P T V A R T I K U L O E
P M E U H L U W X N H G Q B A
L X D N D N E M P V P I K A T
L A N I F A L R I G H T L P I
B S A T C S R H R N D A Z E O
V U R X R P T H L I L W M N N
E D G W Y C B W I I U X D N A
G G N P V U D R K N P Q B I L
S A E O Y B U A S N O A S E N
C M J I S K N A H T Z Y H S T
```

NAKILALA
RECREATIONAL
SPIDER
ARTIKULO
ALRIGHT
RHINO
TAKIP
CRY
DOLL
SQUIRREL

PAN
THANKS
PENNIES
FINAL
KASALUKUYANG
MAGDUSA
UNIT
MAPANGANIB
ENGRANDENG
TOOTHBRUSH

Puzzle 11

```
V U S Z D V N P T F V Z P D D
N D J E W S A S A F S O D E E
X A E K B I N P D G V K Q B V
Z L F O A N G N A L I B S A E
B O D L V G Y D A L H B U T L
M J B B C K A S H O W H I E O
K A D U V A R A B V M P V G P
S E G R B M I L I N I P S A M
G T E L O A S U K L A Y E K E
D F Q Y A S I P A H I R A M N
X Y A N A Y U K U L A S A K T
H A L A G A A M A H U L O G E
N O X V R M W G M W H U I I S
K A R A P A T D A P A T V V H
```

IPAHIRAM
DEBATE
DEVELOPMENT
MAGLAYAG
BAR
BILANG
LADY
SUKLAY
BLEED
MAHULOG

PAG-IBIG
KASALUKUYAN
KARAPAT-DAPAT
SET
BLOKE
PINILI
HALAGA
NANGYARI
SINGKAMAS
SHOW

Puzzle 12

```
R S U V R A C H U H T P V L J
M U M M Y D L A Q K A B V T W
T H L N Z M Z G R L O Y G A B
R N A U A I W I K E N L K W E
A F W T L N L N E P L I L N I
N Q N M N I G A N V S E R O M
S A A E L S X P T U Y B S Y B
F T S G N T H A M A O L A S I
E A A K E R L S F U T R L A T
R K W A R A H U G U E G A W A
K E A P C S D U J W A T D T S
T U G M A Y Y K O X F D A I Y
H Z N A X O X L G A W L M S O
U B Z G Q N F M A L U T A S N
```

ADMINISTRASYON
MADALAS
PANIG
MUSIKA
MALUTAS
ATAKE
SITWASYON
TAON
KIWI
LAWN-ASAWA

TUGMA
BAGYO
UUSAP
PEN
FLOWER
CARELESS
IMBITASYON
MUMMY
NUTMEG
TRANSFER

Puzzle 13

```
E R K F I L I N G X L F D K D
X N A R A M A T A K A E E U G
P O B P U L I S F S N X N L G
Z K U T U B K I U O Y A M I G
V M U X B H C P M W Q R M S C
S L A Y L I K I T N A M K A N
W I N N V I N O P A H A K P A
Z R T N C A P B D N V B G M H
K A P T T O R R A C P I Z Z A
V A P O I R Y H K N D C Y N Y
Z A R I C N I S U Y A G A E A
O M Z X G G G B I G D N G J K
M U K H A N G N A W A K A N A
N A R I N I G C A T K I N K K
```

NARINIG	CARROT
MAAARI	MUKHANG
KABUUAN	CATKIN
SITTING	AYUSIN
KAKAYAHAN	KULISAP
PULIS	PIZZA
DENOMINATOR	KATAMARAN
ILING	BANANA
NAKAWAN	MANTIKILYA
MAYO	KAHAPON

Puzzle 14

```
D P I I P G N O T I P A K I A
R I N F P N S P O R D W O N S
A N D P S A U M S W Z R I N B
G A U A N S K A M A H A P A M
O N S G H N O I M L T U Z L G
N S T B Z A L V T C L O H U R
D I R I S B Z E S A V L F M B
F Y I S T M Y U E W K Y Z I T
F A Y I A A L I T N O Y W S P
H L A T R P J V H L C B M O M
A U X A T U E E P B A B A L A
B D A P I L I M U L B T Z M M
U Q H N H N E S U N D A L O Z
S X P R O D U C T I O N P G G
```

DRAGON	LUMILIPAD
SUNDALO	PRODUCTION
SIMULAN	MOM
IPAKITA	PUSH
TEST	EMPLOY
INDUSTRIYA	START
PAMBANSANG	MAPAHAMAK
BABALA	SNOWDROPS
BUS	PINANSIYAL
IKAPITONG	PAGBISITA

Puzzle 15

```
P R A F M S O F F I C E R A C
L I S S Y A M A K H K T K M U
A B E P A N I G N A R A H B P
N M R E Q G I T P I K F F I B
O D O E T G P P I E C C Z S O
V O D A M O A L I T H H C Y A
A R T U Y L N S N N L Y Z O R
M M M K Q P T C J O T E N N D
L A A N A L A L I K M A I N F
Q H O C E G O B C P F W A O N
L A B I N G I S A N G W V M K
N O Y S I T E P M U K O N A M
R S G U D R G R S A L J T H F
P M B M L A T I P A C K G U Q
```

TITLE
OFFICER
CUPBOARD
IPINTA
SANGGOL
HAMON
AMBISYON
ART
KILALA
KUMPETISYON

KAMAY
HARANGIN
PANTAO
ASERO
MANOK
LABING-ISANG
PAKWAN
PLANO
CAPITAL
MUSIC

Puzzle 16

```
M A G B U N T I S Y A G A B A
E C A D N J R D M O T G F M C
S X T O K A T A T A N N R E C
C O E K U N E H O I E O O A E
H H P R G C W B T L B Y S L S
A A A X C N A A I I E S T K S
G L L E Q I D U K L B K H O Y
D L A P D T S M A A G E S L P
A W K O C U S E S H A R P M D
N A A Q L L P N A A N I F S K
H Y L G E U I I M K T D Z D A
X Z T A Y K I T P L Y N F F L
X Z P K O D A G U B A I B C L
L M J V R U J M I B K F G V M
```

MEAL	NAGBEBENTA
ACCESS	BAGAY
NATATAKOT	MASAKIT
DIREKSYON	ABUGADO
DATING	FROST
KUNEHO	HALLWAY
KULUTIN	KAHALILI
EXERCISE	MAGBUNTIS
MULTIPLY	FIND
HAGDAN	PALAKA

Puzzle 17

```
S A K U P I N G B M E W P E U
F I G U R E N A A A H W E R V
N P F R S A G D Q H K T C Y E
S P I J H W M Q C E B U T C X
R Y N O Y A G N A Y U D R P G
I H T O R G N I L Q O N U A S
Y W S I R G M B I G R B G R N
H X K C A A M G L H U E X I R
J A A Y I P A R G O E H E H O
P M A G K A S A M A G K M I C
E X C E P T I O N G W R D H A
H R F K A S A N A Y A N O G E
F V X Q A K M A V I R T U A L
D U M A T I N G W O V F Q P R
```

VIRTUAL	DUMATING
SAKUPIN	PAGHIHIRAP
PAGGAWA	BAKURAN
HEOGRAPIYA	NGAYON
DUYAN	AKMA
FIGURE	HANG
LILAC	MAGKASAMA
TUBE	KASANAYAN
EXCEPTION	ACORNS
GAS	PAKIRAMDAM

Puzzle 18

```
T Y A P M U G A T T B A M C M
U F U R E T N E C J W F Z G U
M A L A A C F M P A K T A T B
A O I E N R B V T K A G A T I
H L C P K S J A H U M I R A M
O A N Y N A N U H U M U M A P
L T E P E K T O L A B O R K N
O G K A S A N G K O T M G O W
N A P A K A L A K I N G B R N
P P U J E U T P K W M R K E V
K I V K A L U T U T A M S T T
A K N A E L L K M K C I T S H
V A H T I L A P A K W G B A B
O M S F O T X Z Q O H P C M Q
```

KAPALIT
MEAN
MAKIPAGTALO
TAGUMPAY
TUMAHOL
CENTER
KASANGKOT
PEAR
KARBON
KAGAT

LABOR
MASTER
PINTO
HUMIRAM
MATUTULAK
PAMUMUHUNAN
STICK
NAPAKALAKING
NATAWA
EPEKTO

Puzzle 19

```
N S M A H A B A N G I B Z F N
P A R I Y D U G T O M U U P A
I T K X P X D N T Z A W O R N
V C W I Z Y A A A C S A E O I
L M R O K G R H K S Y Y P Y N
G J I E N I U I L A A A O E I
F Z H I S Z T K A J D E N K W
G W D C A S A A S C O L Y T A
C I B Q R U R L E O N E U O L
R F E M A L E A T W G C B N A
L W L B P N P L A B N T C A P
J J A S M G M G G O U R U A H
E W H N A Z E A K Y X I K P Y
V U W Q L I T N Y T W C W K I
```

COWBOY	MAHABANG
FEMALE	LAMPARA
MASYADONG	BUWAYA
ELECTRIC	PONY
NAKIKITA	DYIRAP
GATE	WHALE
PROYEKTO	NANINIWALA
NAGLALAKIHANG	TEMPERATURA
KLASE	PAANO
CRESS	RIDING

Puzzle 20

```
D I T O J D W W W E K A S F G
P M G K Y W V N L A I D N U S
R A U M A G A S N R E T T O J
E E T A G I V A N E D H W A A
T V G N A L G I B M F O W S S
T O L O L N F C R A S U E F R
I W E T A K S J E C T U J M Z
E F T N P L M L D U Q F U A Q
R P I K I T N C T M E D I U M
A P Q R I M I A K U R T I N A
I N D I O U K B F E Y D W Z Y
A Q H M Q A H J T C M O C E Z
H Q B E N C A P P L E A T R I
O L X N A U D N U S A K G O E
```

DITO
NAKATUTUWA
MEDIUM
SUNDIAL
KURTINA
IPINANGANAK
CAMERA
BIGLANG
CAP
IPALAGAY

MAG
OTTER
SKATE
KASUNDUAN
PRETTIER
UMAGA
LOLO
KRIMEN
NAVIGATE
ZERO

Puzzle 21

```
W O X E G N I H A N U G N A P
T A Y E C I L E F O R M A T E
I B S E N X A L A B A A K A M
P S J T S V F P Y L Z H K V G
A D H Y O M L F A B P I A A I
K O L A L N Y U V F N G B D N
L M J I I R G L F G T H U E H
O A X A M Z Y L O N P L U S A
N H K W U L W Y E I E I A P W
G I N A K Z B I M D R G N I A
R R L Y X I T I D D Q H G N N
V A P B M O N U N I P T F A Q
A P D O U B E R A K M B G C O
X M P Q L I N L A N G I N H W
```

SPINACH
KIDDING
LINLANGIN
FORMAT
MAKAABALA
HIGHLIGHT
QUOTIENT
BYE
MAHIRAP
GINHAWA

FLY
HELPFULLY
KABUUANG
ALOK
KUMILOS
TIPAKLONG
WASTONG
AWAY
PANGUNAHING
PINUNO

Puzzle 22

```
B O P S A U S A G E S E S N S
I A A V D Y S J T D L A A E I
N B P L E A V E U T G N L K B
T J E P H G W J E U A D V S U
I O L L I N E E S L C F J A Y
M A N J H I B T A J H G B K A
T X T K N S I S G F A T B T S
Q M I H Z L A Z C U D R X O X
D Z O C F K T R N T L D S T J
E Y P A G H I H I N T A Y I A
O R B I T B M M A L A Y O N G
V R X B R I U K T Y P W C K I
G E N D J V K O S U Z P L Z P
A M O N A Q N T S U M M I T Y
```

KASALANAN
SIBUYAS
PAPEL
INGAY
LEAVE
SAUSAGES
PAGHIHINTAY
BINTI
BEETLE
ORBIT

SUMMIT
MALAYONG
ITO
MERRY
MAN
EKSAKTO
LINE
KUMITA
LITSUGAS
USOK

Puzzle 23

```
P N M F H L I T L O G R G L D
A A A S G S H C A E B K M L N
H R P M O H N A H P H U K B O
I A A A M D R L A P E A H E Y
N M N H W D A I M O M B E Q S
T D A I K B K M A S A U Q J U
U A T Y F U A A M T N U V V T
L M I A V Q H N G M G L J A I
O A L I I M U G A A K L P M T
T N I N U W L O P N O M F B S
Z N A N H V U B L I K H K Q N
G F D R M W G N I M M I W S I
M O O S E K A L D O L P H I N
M Q R Q L T N A R U A T S E R
```

DOLPHIN	NARAMDAMAN
PAHINTULOT	KAHULUGAN
POSTMAN	LAKE
MOOSE	PAGMAMAHAL
TAPE	MUNDO
SWIMMING	RESTAURANT
MAHIYAIN	MANGKOK
INSTITUSYON	MAPANATILI
HUKBO	SODA
BEACH	ALIMANGO

Puzzle 24

```
H B C S S S L Z G P Y O A E D
Y W E Y A O K I N T S A Y X A
R Y P K R T L Y A O T L I P A
G R G T S A I R L H M U H O N
M I E C I M G N A Y H M R R G
B P N H N A I A G F E R E T Z
L W R C U L T A A I K O N M J
N V D R N A G W T Y N F E V D
L C J X O H A A A T O S N L P
U Q G P G A P N M I S K I H T
S L E D I K S U F N I V H G M
C O C O A O C U J T B W C N P
N Q Y M E A L A L A A G A N E
B O R D E R J N X L G Z M G W
```

COCOA
ALAMAT
SINUNOG
PAGTIGIL
NAUUNAWAAN
PETROL
NAG-AALALA
BISON
MACHINE
FORMULA

TINGIN
ENERHIYA
KID
EXPORT
MATAGALANG
BIGKAS
DAANG
BORDER
SLED
KINTSAY

Puzzle 25

```
K N A G M A M A D A L I G M A
M A L U P M C K N A W A G I S
A N T G N O G A B B P H H S U
D U U A S R S B Z V G Z I E K
A P S A M U F I J K M K D R A
L I A H F T Q P S U X P P A L
I L L I M G A T V I J K N B Z
N W A N K A V M K Q W N W L F
G M M N N M Y Z A D A M O E S
H W M E W X E L G N R S N N S
J M B L P Y M S F M X C I G O
S A K I T S A H U K A N N R S
U K P I N A T U Y O N G A I J
N A T I T I R A B Q M J K T M
```

SISIW
BAKA
NAGMAMADALI
MADALING
MOUSE
SAKIT
MISERABLENG
MAGTURO
PINATUYONG
KATAMTAMAN

NATITIRA
NAKUHA
MALASUTLA
KANINO
ULAM
ASUKAL
SIGAW
DAMO
LIPUNAN
BAGONG

Puzzle 26

```
T  C  A  T  N  O  C  D  P  U  W  E  R  S  A
N  N  S  D  Z  F  I  D  I  B  I  S  Y  O  N
J  O  T  U  B  P  N  I  B  K  K  H  Z  G  M
H  I  Z  K  L  Y  P  S  D  R  J  Z  N  U  L
X  T  S  O  N  I  L  A  T  A  M  O  G  L  B
N  C  M  N  A  G  U  S  T  U  H  A  N  A  D
D  A  L  N  U  R  E  P  P  I  L  F  W  Y  S
L  E  L  H  H  T  N  A  W  A  R  A  L  C  A
E  R  A  A  A  G  I  H  P  R  W  R  Y  O  N
M  X  X  B  L  N  Z  W  T  I  M  T  W  N  D
O  O  H  D  W  A  A  N  Q  O  I  R  O  T  A
N  Y  B  Z  X  T  G  N  A  R  U  M  O  R  L
H  L  R  E  G  A  A  A  K  X  H  D  D  O  I
L  U  R  B  Q  B  M  O  M  W  W  V  Y  L  O
```

REACTION   LEMON
CONTACT   MURANG
GULAY   PUWERSA
MAGAZINE   LARAWAN
BUTO   BATANG
CONTROL   MAG-ALALA
MATALINO   FLIPPER-UNLAD
NAGUSTUHAN   WOOD
DIPLOMA   SANDALI
DIBISYON   HOST

Puzzle 27

```
U O E J S O A Q N O S I A W B
B A M P I R A O M Z I B K R E
Y O F P Q D I J Z Q S I U I K
L T O I F T I H A K T N S N P
Z H D S N V R Q Q E E U A K I
E J I E R I W C B T R H H L G
Y O T O P L U M U S W O A E I
P T R X Y Y Q H S A F S N Q L
A N A P P F E Q L W E Y V U A
D E P O H D S Q D O N U S I N
K L Y T A J B J V F C V J T O
U A F G N C O S H U B K R M V
H T L U D I K A S A M P U N G
P Z J Y A D R A W E R C O E M
```

PARTIDO   SUMULPOT
SISTER   BAMPIRA
WRINKLE-QUIT   WIRE
HANDA   AKUSAHAN
DRAWER   LOCK
PIGILAN   WASTE
IBINUHOS   ATTENTION
SUNOD   TALENTO
KAHIT   IKASAMPUNG
HAYOP   YUGTO

Puzzle 28

```
M A S U M I G A W L V P L P D
S A L Z A L N Y A H U B A M O
U K P I U H S X F K A S W Y B
M A T A T A A H A S W E D Z L
A R S G G U V K D A N N I A E
S A T N B T N M U M I I B R N
A H N I L G A T Z T H O I C G
N A W H W U M N U Z U R D O O
G S G A A M A G T N Y T N L G
A A C P T I L J X O I I F E
Y N I C W Q A C J I T N V L O
O F N A K W P M A B I B I G O
N C B U K A S N A B I G O F M
F T V G O R N I Y A S N Y T M
```

SUMASANG-AYON   NIYA
MASK   AHAS
MABUHAY   PAY
PAHINGA   MABIBIGO
TIYUHIN   ALITUNTUNIN
CRAZY   KARAHASAN
INDIBIDWAL   BUKAS
PALAMAN   DOBLENG
SUMIGAW   NABIGO
MAPAGTANTO   SENIOR

Puzzle 29

```
T  I  Y  A  N  A  D  O  D  K  R  A  E  W  S
Y  B  D  X  C  G  A  G  E  A  O  K  I  A  U
L  E  N  J  Y  Q  M  A  P  P  C  O  C  B  M
M  L  A  J  B  Q  A  N  E  A  K  O  U  O  O
A  L  C  W  Q  Y  N  A  N  T  Y  O  A  N  T
L  S  E  P  H  M  U  W  D  A  N  T  L  A  R
I  V  O  L  S  A  A  I  E  G  I  F  M  N  E
B  Z  H  I  B  N  L  L  S  A  L  A  X  U  Y
A  P  E  E  L  S  L  A  L  N  L  G  Y  G  S
N  A  Y  I  C  O  V  P  M  A  V  B  O  U  I
R  X  D  R  B  C  K  I  S  R  I  S  K  T  D
P  G  N  I  S  G  N  I  S  G  E  O  P  A  K
G  O  V  S  P  U  L  G  A  D  A  H  P  M  K
P  A  G  L  A  L  A  K  B  A  Y  D  T  B  B
```

IPALIWANAG
BELL
MATUGUNAN
DEPENDE
SALAMAT
TIYAN
THERMAL
MALIBAN
MANUAL
PAGLALAKBAY

ROCK
KAPATAGAN
WEAR
SUM
SINGSING
PULGADA
BUONG
CANDY
IRIS
DISYERTO

Puzzle 30

```
J P O K U S L A L A K I S B N
A X Y Y O W J I H C B I U K T
C L X D H R B A G O G A V K J
K E E L N I R C M N C B S V K
E D A N O M E L A Y L I M A P
T P Q B S I D B N X Q V T C I
S G I N I K A M R K P V I F H
B H J X D M P I D M V Z E P S
C Y C L I N G S O H U B I Z S
C R A Y O N S M G U L A N G I
H A L A T A S O X A I N F R Y
I H I W A L A Y S N I Y A F C
H D I N A L A Q W Y N H Q T W
Q M A D A M I N G N B R M X G
```

MABANGIS
DINALA
IBUHOS
IHIWALAY
LEMONADE
POKUS
CYCLING
LALAKI
MISMO
JACKET

LEEK
PAMILYA
MAKINIG
HARI
GULANG
CRAYONS
HALATA
MADAMING
SHIP
PADER

Puzzle 31

```
S O E V G P L R L S T G R B W
D I R E C T O R E W A R M U R
M A G L I M B A G P O L K I T
U Q E V N A J D N I O Z Y U Y
A F G A Z H B Y A N P L K F M
C O M P U T E R H S R E Y P L
K A O B K Y C T E R O T A O C
H D Z P U S O T N A F O E F S
I U K F W I M R K P I M H N M
S G K R U A G A T A T G A M U
V U H O E D A R G P D A M X G
C P L J M O X O R E W T I C H
G M B O M A K A T I P I D J Q
Z A Q V K Y B X C A V E N I J
```

TAG-MOTEL   IMAHE
DIRECTOR   COAT
HUKOM   MAGLIMBAG
SULOK   PUSO
MAKATIPID   PARSNIP
REPOLYO   GRADE
CAVE   MAGTATAG
ANGEL   TIKLOP
WARM   DAISY
COMPUTER   PROFIT

Puzzle 32

```
C F S H F M M A N T I G G I K
N R P Y M A B P A F N T X N U
I E D K T B P G D I S G O G L
A E B J G I A Y L N I N G R I
K S K T B L N A T I L A S E P
G I F I J I M U C C H S B D L
A A T C M S Z N M X C I A I O
P A M I L Y A R T M A T G E R
O B S E R B A H A N O Z A N H
M A G P A S Y A B R C C M T X
N U K A S A Y S A Y A N A R O
K Z L K W U N A M E L T N E G
T X G V P A G K A B A L I V L
W G W K A T A H I M I K A N R
```

COACH
KASAYSAYAN
BAGAMAN
FREESIA
MAGPASYA
SALITA
KULIPLOR
PAGKAIN
TAGAL
GENTLEMAN

ISANG
MALING
INGREDIENT
COMMUNITY
MABILIS
KATAHIMIKAN
OBSERBAHAN
PAGKABALI
PAMILYAR
GITNA

Puzzle 33

```
S  S  R  X  S  E  R  B  I  N  A  G  N  A  P
P  O  X  F  O  L  F  A  L  M  N  E  Y  T  Z
E  L  Z  M  P  U  N  S  A  O  N  D  P  N  C
L  S  Q  U  A  R  E  N  N  S  I  C  H  A  K
L  X  H  O  T  W  N  O  G  Q  V  S  N  K  A
J  L  S  G  A  A  E  W  I  U  E  P  B  G  N
G  Q  Z  V  M  C  K  T  T  I  R  E  C  A  Y
M  A  H  I  H  I  R  A  P  T  S  N  V  P  A
D  A  V  S  P  M  H  E  P  O  A  N  Z  O  P
J  O  Q  M  I  L  L  M  G  A  R  Y  O  P  O
B  A  H  A  G  I  G  J  Z  K  Y  M  Y  V  L
P  M  T  U  I  T  A  L  I  A  A  R  A  L  I
S  Y  O  K  T  S  W  U  S  A  F  Z  H  H  T
B  P  M  Z  A  L  I  T  L  D  W  K  M  R  E
```

SPELL	KANYA
MILL	SQUARE
BAHAGI	MAHIHIRAP
MOTH	MGA
PANGANIB	ANNIVERSARY
POLITE	MOSQUITO
ITALI-AARAL	WET
LANGIT	PENNY
TUHOD	PAGKANTA
MATAPOS	SNOW

Puzzle 34

```
T N E R O E L W B X M O O L B
O U O K R S I E G N A D N A G
L V M C S J K I Y H T A B P B
L M W U E V E V J T A N E R A
R O K V G H E R O N N G M B H
E W S X B O O E D X G F A X A
V L W B L P N T Y H K V H S G
I L I M U B A N Y Y A S T U H
R A P A S A P I X N D V Z S A
D H K Z M B I R T H D A Y U R
W A M W J A Y K U M I G A N I
N K K P A C S K F A B X H D J
P R E S Y O X A I Y U I G I Z
X L S L I P G J K J A X A N P
```

BATH
GANDANG
PRESYO
DRIVER
HERON
ARENA
RENT
NAKAUPO
BIRTHDAY
TUMUGON

BUMILI
SUSUNDIN
KASAMA
MATANGKAD
BAHAGHARI
MAY
HALL
BLOOM
INTERVIEW
SLIP

Puzzle 35

```
K  L  A  N  G  I  S  A  I  K  X  J  T  U  O
D  A  P  A  N  G  A  K  O  N  G  R  I  N  G
A  P  L  R  L  W  E  O  F  A  H  L  G  W  I
E  H  D  A  G  G  F  B  A  B  G  S  G  A  N
X  E  I  L  M  N  R  Z  W  A  L  A  N  T  U
S  A  S  U  R  I  O  Z  W  T  V  U  A  H  G
T  S  T  K  E  L  D  Y  Q  N  R  G  B  L  O
O  A  A  I  P  A  K  A  S  I  Y  A  G  E  L
P  N  N  T  Q  D  I  E  D  K  T  L  A  T  S
U  T  S  R  W  N  Y  Z  X  A  E  I  P  I  O
C  N  Y  A  V  A  F  R  S  M  B  L  T  C  X
I  Y  A  P  H  S  D  E  L  L  R  V  O  S  A
O  R  D  I  N  A  R  Y  O  N  G  P  B  K  A
I  N  I  R  E  R  E  K  U  M  E  N  D  A  X
```

STOP
ATHLETICS
UGALI
ORDINARYONG
PAGBANGGIT
DISTANSYA
KOLEKSYON
LANGIS
PHEASANT
MAKINTAB

CUP
GINUGOL
WALA
OUT
PANGAKONG
BATAS
PARTIKULAR
INIREREKUMENDA
KALAMIDAD
SANDALING

Puzzle 36

```
V O I D D Y H C Y C K A D N P
E N G L I S H E X C E L A A G
H A N G G A N G Q P A U G K N
O T D I G E S T B S C M A A C
Y R R E H C G G Z B E T T L A
S U P O L I T I K A L E J I M
I C S P E L L I N G C I O M E
B K P L B L I S D I U M Y U L
R V L A X D U D L H F P F T I
E U K Z R O D O X S Q O U A E
S J B J I E P A D O P R L N K
G C W R K M S V A M U T L H V
A K U F S T U K T O K W Y J T
M F N U M V Z Y H A V H S J Y
```

JOYFULLY	POLICE
PARES	HANGGANG
DIGEST	TUKTOK
NAKALIMUTAN	POLITIKA
ENGLISH	FURIOUS
TRUCK	SPELLING
MULA	IMPORT
VOID	DAGAT
EXCEL	CAMEL
CHERRY	MAGSERBISYO

Puzzle 37

```
P I N A K A M A T A A S W T P
H H F E E D H W A R A A M U A
M A R A M I N G L H R D O O G
T E A C H E R K F H J C M Z H
K U T S A R A K O A L P O D A
P O P U L A R L S B Q I X I H
D E N I H S N U S A U B I W A
E B E C J Z W S I G P S D O R
A B T F K O L J K N Y M G V I
N I M C A D D R N A B A L A K
D E E P S Z A K Z M R G J H P
K M O O P M A H S U F S N D S
T U M U T O K D Z N K O K R K
X I W T C V K I B A S A S A N
```

SPEED
MARK
NASASABIK
TUMUTOK
POPULAR
MARAMING
HABAG
SUNSHINE
PAGHAHARI
PINAKAMATAAS

MAARAW
PAGSUBOK
TEACHER
ANUMANG
KALABAN
DITCH
SHAMPOO
KUTSARA
FEED
FLAT

Puzzle 38

```
N R X F B N O Y S I D N O K G
A A P U T E V Q I M T I S D I
U L K J R F A G N A M O C K N
G U N A E Q J N G M J J Q A T
G G A U T M A R T I L Y O L O
N E H H S A M I T K I B X I K
A R I R O K L P O U N D S M A
L R M W O I I I G T D C T U R
I I A W R E T R A U Q L L T A
B L R M A H A L A G A B Y A Y
I N A S A K A L A P I K P N O
D F K U Z V Q A Z J U K P P M
V F Q Z O L I E N Z Z G M J O
B B S B C U M O N Y V T I I W
```

MARTILYO
NAKATALI
POUNDS
BEAN
BIKTIMA
ILAW
KALIMUTAN
PALAKASAN
TUPA
QUARTER

KARAMIHAN
BILANGGUAN
KONDISYON
ROOSTER
JOIN
GINTO
SING
IRREGULAR
KARAYOM
MAHALAGA

Puzzle 39

```
T M M I P X Z Y W Y P G V M P
I V E T L E B U M A L I K A A
P C K V M Z R O B N U W L G G
I C A B O E K I F A D K A P P
N B N O D E Y P M H E K O A A
A P I T E R G B V E A Q W K P
D I K E R F U T F S T O Y A A
A C O H N R Q R A A F E C B R
L I B N O P T S I G W I R I A
A C N N N P G T S I U P N G M
E L P B G A U E I B G Z K E I
T E I A M Z M E P C H O R E T
Z S M Z T H P W I M V S O L I
A K A L R C T S O N A B A L L
```

CHORE
PERIMETER
BELT
LABANOS
ICICLES
BOTE
HANAY
BIGAS
MEKANIKO
PAGPAPARAMI

BUMALIK
MAGPAKABIG
SWEETS
ISIP
FREEZE
MAGSASAKA
MUG
IPINADALA
MODERNONG
FINE

Puzzle 40

```
L N K U M B I N A S Y O N C P
Y A L P U S I V N E Q U F S W
J N B H O G X J S M E N T A L
U O V I N A A T D E S I M A L
P I U A N N A P R O P E S O R
D S M Z U D M T Y R S I O O Z
B I G P O K A S H T G T R M D
L V A N A B I L A P G A P I H
B J C S K I Y V A B U H O K Y
A G H A M K R T T W H O U S E
O M I B N I B O O L A S B W W
S A L A S A L A B I D N N Z N
A S I N D A G A T V S O G W C
A N T I G O N G W A K A S M B
```

KUMBINASYON
LABINDALAWANG
ANTIGONG
PROPESOR
SALA-SALABID
SAKOP
AGHAM
SALOOBIN
SUPLAY
ASIN-DAGAT

ESTADO
VISION
WAKAS
LIMANG
IPAGPALIBAN
SKI
HOUSE
BUHOK
DESIMAL
MENTAL

Puzzle 41

```
V I W Q I A Q Q H L K Q W T N
G N L Y I A E R D Y U T O I A
K A I B I G I B I G D D R R G
O U B A T I I N A N N I M A K
P P S L V N M P M O C A I H A
E G S T K B U L C L C W L A S
N A I I E L W E D T Z Y I N A
E T M H W A E Z U A R Z B O L
R A G U C O M S N T J Y G Y A
U N O M S T O C K O B O A S S
M A P U U D V Z H R G D P R O
B D W G E T H U V R Z M D E B
M A D I H U Y C E A Q O V B H
L R Y G R A P H J P B B E U J
```

OPENER	MAD
MISS	NAGKASALA
BERSYON	GRAPH
PAGBILI	WORM
TIRAHAN	KAIBIG-IBIG
NATAGPUAN	STEAM
GUMUHIT	LUPA
BATIIN	STOCK
LANG	PARROT
CLUB	TATLONG

Puzzle 42

```
R E F R I G E R A T O R P Z M
P A S Y E N T E G N J L E K A
P S I T N N C B I W A Y A S G
A E X T I N C T A S A J A M L
N Q C A D W I L T D Y G L P U
S Q I E I R C I A L G K O P T
A D G C L V C K P I O E C N O
R P U R P L E A A G L E R I B
I U S L B K T S L T O W G H U
L C A N D M R A I A I T G O L
I E Q Y E R E V Y S B S W K S
N F K R R Y W K V F X E K O A
G V K N O Y S A T S I P C L M
C I P D P A G B E B A K E E S
```

ISTASYON
LIGTAS
SWERTE
PAGBE-BAKE
ILAPAT
LIKAS
EXTINCT
PASYENTE
BADGER
SAYAW

BIOLOGY
MAGLUTO
WAGON
WEEK
REFRIGERATOR
PURPLE
PANSARILING
BULSA
PLASTIC
LOKOHIN

Puzzle 43

```
D M T U A T N A B A B G A P P
W A D K N I R A T G I L A B A
A G D O R H D N A W H O A P N
L K K L N O B H E B W W A V T
A A F U J J A N A H V N Y B A
N P J B D B P L N F G E E L L
G A E A W C K V I A R B E Z O
G R M K K O U Y D L A P I S N
Y E I G N C X U O Y F M F T G
F H K A X K L T I M A G G A P
L O H P D T M U K H A P K I M
T E K N O L O H I Y A E M R D
S T R A W B E R R Y R R A C T
E K S A K T O N G G L F J S Z
```

MAGKAPAREHO
DIGMAAN
EKSAKTONG
PAGGAMIT
TEKNOLOHIYA
GLOW
PANG-ADULTO
ZEBRA
BALKONAHE
LEEG

LAPIS
MUKHA
PANTALON
YOU
BALIGTARIN
PAGKABULOK
PAGBABANTA
STRAWBERRY
CARRY
WALANG

Puzzle 44

```
M  N  O  Y  S  A  G  I  T  S  E  B  M  I  D
A  A  E  P  S  Z  A  D  H  U  C  J  Z  T  A
S  G  B  P  P  Q  X  N  V  V  I  O  C  L  P
A  P  I  U  T  R  Q  I  U  D  O  U  P  X  A
S  A  D  P  I  C  U  H  R  Y  Y  N  S  U  T
A  P  E  I  C  O  N  F  E  R  E  N  C  E  I
Y  A  N  S  A  T  M  B  V  D  O  K  D  L  B
A  A  S  I  S  U  B  A  L  I  T  G  K  N  J
N  L  Y  A  T  I  N  A  N  O  N  G  A  N  T
G  A  A  N  C  Q  E  F  B  Y  D  J  A  T  P
D  L  E  L  K  O  M  H  E  B  Q  C  F  P  I
L  A  A  N  N  J  U  Y  R  V  F  R  R  O  N
K  O  N  A  I  L  I  P  I  P  G  A  P  O  C
O  S  T  E  K  S  A  B  E  Y  O  Q  Z  L  J
```

BASKET	DRY
PUPPY	ICE
MASASAYANG	POOL
IMBESTIGASYON	LOT
EBIDENSYA	NAISIP
NAGPAPAALALA	SUBALIT
COUPE	TINANONG
CONFERENCE	ITAGO
ANT	DAPAT
PAGPIPILIAN	HINDI

Puzzle 45

```
R A Z E G E T U L A D P H S L
V E T J L B P O D G N O Y A P
R A S D F O R W A R D I N K A
L P N I H O L I D A Y N O I O
B A A P D W Y Z I P T T O M S
H N S A F E Z Q R A J G R U D
O A A G H L N O U G Q V A L X
Z H W B B Z X T G O K H K H I
P A A A Q I B A E N O G G E W
S H B B M K K M S G W T A F M
E G A A O P Y O X O R A N G E
D A M S L Y W T V A L B O O U
I N R A M O T O R S I K L O O
T Q Q E P R P U Z Z S P Y F L
```

RESIDENTE	LATE
NAGHAHANAP	PAYONG
LUMIKAS	MOTORSIKLO
FORWARD	TOMATO
POINT	MABAWASAN
HOLIDAY	SEGURIDAD
NAGKAROON	HANDLE
PAGBABASA	ORANGE
EDIT	PAGONG
TULAD	SOAP

Puzzle 46

```
S N O W B A L L P S M G M P L
Y B G H I K S W A I K S A A U
E L G X F O B T S O H A G R M
L Z R C A K A U O R N N P U A
S H E L L G P Y F U G D A S H
R P T Q K I H I A N K C T A O
A N A H A B A L I I T A U H K
P Z D G D R Y S X T I S L A S
P J P M M R I H R I M T O N W
V F U Q R G I N I S O L Y Z I
M A D O A H D M L V G E G S M
R K L N A H I A B A B A K V B
T A L A G A N G L Z D C V X Y
K K J K E L E M E N T A R Y I
```

NAGISING
ELEMENTARY
MAGPATULOY
TIMOG
SWIM
LORRY
LABAHAN
GATAS
SNOWBALL
SHELL

INIS
TALAGANG
ITINURO
PARSLEY
LUMAHOK
PARUSAHAN
KABABAIHAN
SANDCASTLE
SOFA
UPDATE

Puzzle 47

```
E H E A R D F G S E I T M Y M
L A T A G I L A H D N B I W A
E M B L Z L E O B I A I L N N
P S H W A Q T T M R T T Y N I
H T J L E E F F O C U S A O P
A E N Q L S H W D T L M U D I
N R P U M A D Y A K U I A R S
T K A M X D Q O Y W T S K A A
B P K H O J W B Y C N T G P B
A P I K A L G A M E I E O E L
R H S H S S C B P W H R U H V
Q M G P U B L I C N A Y X R O
K M A P E F F Z P P P O N L U
C P M P E R P E K T O N G M F
```

HAMSTER	PERPEKTONG
AGILA	HITSURA
MAGSIKAP	MAGLAKIP
MILYA	PAHINTULUTAN
RIDE	HEALTH
COFFEE	MISTERYO
PUBLIC	PARDON
PUMADYAK	HOTEL
ELF	ELEPHANT
BABOY	MANIPIS

Puzzle 48

```
H  U  M  A  G  N  A  K  A  W  A  N  R  L  C
P  J  I  M  P  O  R  M  A  S  Y  O  N  Q  A
E  I  T  U  E  E  S  A  C  N  E  P  O  C  R
K  U  L  T  U  R  A  A  T  J  Y  X  Y  G  I
M  D  E  S  P  A  R  T  N  E  R  W  S  D  B
O  I  U  R  F  N  O  X  F  X  K  T  I  D  O
N  S  V  G  W  I  N  M  R  Y  O  R  M  M  U
I  C  G  N  O  D  A  K  I  P  I  L  A  W  K
T  U  N  P  A  T  A  T  A  S  D  R  E  M  G
O  S  A  K  A  L  S  A  D  A  A  O  R  N  F
R  S  Y  Z  V  S  N  C  F  H  R  F  I  J  G
N  I  N  B  A  G  U  H  I  N  M  G  O  G  P
X  O  A  X  S  A  G  L  B  M  A  K  G  P  Q
Y  N  K  X  P  J  L  T  I  M  P  Y  T  B  K
```

PARTNER	KALSADA
BAGUHIN	IMPORMASYON
DISCUSSION	KWALIPIKADONG
RADIO	MAGNAKAW
PENCASE	CARIBOU
MARKET	KANYANG
ORAS	PATATAS
MAGING	KULTURA
MARAHIL	WIN
MISYON	MONITOR

Puzzle 49

```
Y G U R Y X D Y S H A R E H M
Q O C H O C O L A T E O Z O A
D L P A G P I P I N T A J M T
X I B A N I S O L D E G P E U
H B I I Q H X R W T X P Y T K
M A T A N D A B E P Y L J O L
R P I H A U P A T T E R N W A
A C G N S H S S N W O R C N S
N U N O A T V A X O E G O T A
D R G J W J Y R T Y R S X Q N
O R H N I G O M A H U G B K B
M A B P I Y Y L T Y C B V Q Z
X N S B O U P J I L H Z Q G P
K T M A S U W E R T E M S H D
```

IWASAN
RANDOM
HOMETOWN
PATTERN
SHARE
CHOCOLATE
HAMOG
PLAYER
MASUWERTE
NGITI

MATANDA
PABILOG
BIGYAN
CROWN
SINABI
PAGPIPINTA
SUN
MATUKLASAN
TRY
CURRANT

Puzzle 50

```
W W L E I T A H A L A K K F P
A Z M H L T W J U P O O T T T
W Q U D N S N O G G N I L U B
K U P U Y U O D W K I B A S L
R F P C N R I A A U F S I A E
E A I W Z T T T K H P Q S D G
P D E A R B C A U T I A K N T
A R T I C L E R M P Z L E A R
T U M U K A N T A G A R D L A
Z F V G W J N B K R V M Y R H
P M J Y V W O Z A N G R U B E
W U G Z S J C U I L K N L O D
G X M J W R O T N E W U K K Y
N A G S I M U L A D N N K H A
```

LINGGO   POOT
ISKEDYUL   LEG
ARTICLE   TRATADO
SABIK   KUWENTO
TRUST   CONNECTION
KUMAKAIN   DAHIL
HUGIS   NAGSIMULA
LANDAS   PAPUNTA
KALAHATI   TUMUKA
TRAHEDYA   DEAR

Puzzle 51

```
N F M X Q X T A O L F T B U M
P A A L A W A M A B Q U A S E
R Y T L V M N T B L O X T A M
E N U A B D A U A B A O C P O
T A N E G W G D B W T L H A R
T P A V W N N D G M E H A N Y
Y M W W V Z U K A G N K I K N
H U J S S B N L P A A N O N T
I K L Q O T A J A D L T I I B
P A G I K O T I B S P T T H U
T N A H I R A Y G N A P A K Z
L B N E P R K L A B A B O Q M
S P A R K L E C I U J S W M U
D J G I K E V F G G B D Q Z B
```

MEMORY	JUICE
MAWALA	PAG-IKOT
PLANETA	USAPAN
AALALA	KATANUNGAN
FLOAT	PAGBABA
PRETTY	VAN
SPARKLE	BATCH
KUMPANYA	SALUNGATAN
KAPANGYARIHAN	LABABO
BIT	MATUNAW

Puzzle 52

```
O I M W K E X G S A E S P Z H
T W W V I A S P O S T U O R K
F R I O F P A I M L M C N P S
T B G E X U B W Z C H B G R F
W Y V S U T A H A A N I R I N
M E R A K I T M R Y Q G S B E
R Z Q B B N Q D N O S L J A N
E T O G N I M O A U A Q D Y
P A G G A N Y A K S I A P O O
P I A S E K S Y O N G N U N M
E L W S J R O W T I V G C G Q
P C U E Z W L J O B I S C A P
K L K R K X O S B O D R H V Z
L X T D K A S A L R N H D Q Q
```

ROBINS
BASE
FEVER
PUTING
SEKSYONG
TABA
BIGLAANG
BOTO
PEPPER
KUWAGO

PAGGANYAK
HARDIN
DRESS
POST
KASAL
PRIBADONG
RIN
ROW
KAAWAY
SOLO

Puzzle 53

```
L W C B Z I C J P T U X T N N
T I U O L G X M M I V G S A A
L R R S Q A O D E T E C T L G
E X M O J Z F O M R Y Y A I P
T N E M E T A T S A J V P B U
M A L A K R I A P E R Z A R N
A Y A S W S O L A H B K T A T
Y K A T U N A Y A N D E A R A
U S A K A H A N F S R S R Y H
G N A R I T I T A N Z P C R D
A N E M O N E S B W I E Y W Y
P K R W C T S W H B F E Z U P
N C R Y V H S I P O O C M Z Y
N A P A K A S A M A T H S F V
```

LIBRARY
SAKAHAN
HALOS
PAG-UYAM
KATUNAYAN
NAGPUNTA
TAPAT
FOX
DETECT
STATEMENT

NAPAKASAMA
ALAM
SPEECH
GOOSEBERRY
ANEMONE
HEAR
NATITIRANG
MARKA
REPAIR
SHOT

Puzzle 54

```
R  P  R  Q  D  E  J  A  S  X  S  P  D  W  A
Y  N  A  N  A  H  A  L  A  L  A  A  P  W  P
E  Y  E  G  D  A  B  N  M  G  R  X  U  V  R
D  D  T  N  U  M  T  A  R  H  J  T  Z  K  O
I  A  A  O  X  U  P  I  A  U  U  K  R  A  P
S  L  G  N  B  U  G  R  K  T  O  D  J  H  E
K  U  L  I  C  S  I  A  A  P  R  E  U  I  S
A  B  A  P  G  P  H  N  L  G  Z  E  P  R  Y
R  H  G  E  I  J  K  O  B  I  T  V  D  A  O
T  A  A  D  X  E  L  T  T  E  K  I  N  P  N
E  S  S  V  I  S  S  I  O  K  Z  I  V  A  A
N  A  X  F  P  S  A  N  I  S  I  P  O  N  L
G  O  L  O  M  A  G  I  M  B  I  T  A  I  H
M  A  K  I  P  A  G  A  Y  O  S  R  S  M  R
```

PROPESYONAL	NITO
PAALALAHANAN	BADGE
KAHIRAPAN	MAG-IMBITA
OPISINA	RED
TAGLAGAS	TIBOK
NATUTUWA	DISKARTENG
ARMAS	PINONG
DALUBHASA	KETTLE
AIR	MAKIPAG-AYOS
EYE	PAG-UUGALI

Puzzle 55

```
S  X  Y  I  H  U  V  D  O  T  R  U  I  E  T
R  E  G  R  U  B  M  A  H  C  J  A  N  F  W
G  N  A  Y  D  A  S  A  P  N  U  Y  S  I  F
N  U  G  S  X  R  P  S  I  Y  Q  P  I  P  A
A  M  G  N  O  B  I  T  I  S  O  P  D  A  X
L  H  E  A  G  N  I  M  U  H  P  J  E  G  N
I  E  K  A  I  C  A  T  I  L  A  B  N  D  M
W  D  A  T  D  F  P  K  N  R  L  Q  T  A  A
A  G  L  O  N  O  A  Z  D  D  U  M  E  T  T
L  E  A  K  W  P  W  E  O  A  A  L  M  I  A
O  H  Y  A  P  P  I  S  N  O  M  Q  B  N  P
N  O  A  T  R  I  S  B  M  E  X  E  R  G  A
G  G  A  X  V  H  G  A  E  L  S  F  X  S  N
U  G  N  M  A  T  I  N  D  I  N  G  T  E  G
```

SEASON-AKDA	INIT
MATAPANG	PAGDATING
BALITA	ISYU
ILANG	MEADOW
MATINDING	HAMBURGER
HUMINGA	WALONG
PASADYANG	KALAYAAN
POSITIBONG	INSIDENTE
MAULAP	HEDGEHOG
TAKOT	HIPPO

Puzzle 56

```
A S E S D Z B D N I E K X I A
A L U T G L E F R F E B A O M
V T I M A K A M M I T T E N S
A O S K A L E R N S K S S C K
I N D Y A O T A I H B B A O D
L A I E B B N A N E Z M M C I
A H K L J U O G I E M I P K T
B U Y B H I G K M T P H U T E
L T J A L Q A Q A T O A N A M
E S N P W D L N N A R L G I R
E A D A Q L G Q T L C O K L Q
P W Q C V H A E X P R E S S X
E A K E T H P Z R D R Z D C T
C K A R R E S T R C K G N J M
```

SAMPUNG   IHALO
COCKTAIL   ITEM
PANAHUNAN   TULA
ALIKABOK   RELAKS
KAWASTUHAN   TAO
KIDS   MITTENS
EXPRESS   AMININ
ARREST   MAKAMIT
SHEET   PAGLAGO
AVAILABLE   CAPABLE

Puzzle 57

```
P H S N U B I X F N P L M A L
M A B C B T G N A B A B A M
E R G S A M Z H Y U N N I U R
L M D K I R A A J E G A L I Z
O O L U A S E S O B A W W U D
K T Z R A K K C A V K A S Y G
O O G A I W A Z R G O T X C Y
T L N V H P L M N O L A G E R
O I Y E D Z X V A H W K A R M
N P F H P S A C G L L A B Z C
K A I L A N M A N C I M R J N
P A G G A M O T I S L U E E H
B R O K U L I J W T L K V C M
P I N A K A M A S A Y A N G N
```

BALL
KUMAKATAWAN
VERB
BOSES
SWING
PAGGAMOT
BUNS
KAILANMAN
MABABANG
PANGAKO

BROKULI
SCARECROW
INAASAHAN
SIT
REGALO
ULO
MELOKOTON
PAGKAKAMALI
PINAKAMASAYANG
PILOTO

Puzzle 58

```
I  F  T  S  H  C  G  N  I  G  A  L  A  P  B
N  N  O  P  A  T  I  E  E  W  F  A  D  A  A
D  S  O  F  N  B  G  D  O  S  G  N  U  L  S
E  L  T  E  A  K  Q  C  U  I  Y  G  W  W  E
P  E  H  C  A  A  U  N  O  C  S  I  R  O  B
E  M  P  I  R  G  C  M  N  Y  I  S  A  R  A
N  A  A  A  A  R  W  P  P  X  O  G  P  G  L
D  K  S  L  P  K  U  K  O  L  J  T  D  C  L
E  U  T  V  O  J  M  X  S  O  I  F  E  F  Q
N  K  E  H  B  T  Q  W  C  S  K  K  C  R  P
T  U  O  T  X  B  M  A  L  A  I  K  A  P  J
X  L  C  J  V  Q  J  R  F  R  S  R  G  D  R
G  A  C  P  M  A  T  A  L  I  N  O  N  G  O
Q  Y  B  E  A  C  A  L  G  M  H  W  H  A  U
```

COYOTE
PARAAN
MIRASOL
TOOTHPASTE
KUKO
SIGNAL
BASEBALL
CABIN
INDEPENDENT
MATALINONG

LUNGSOD
WORK
PAKIALAM
MAKUKULAY
ARAW
WRAP
KUMPLIKADO
ITAPON
PALAGING
GROWL

Puzzle 59

```
L A H I C L O C K W A M Q N D
S T K A N D I L A K G E I O A
G S G B X V V E G A A M R B L
O U L I R Q T N W Y A W F O A
A M O N S W A X R L Y S U Z W
G U B R B B X W A G Q E T Y A
N K E S A H P S J R M Y S I N
P A G G A S T O S E O B C F G
R E W I N D I M K E P O Z O L
E K G R V J W E F N X B D F T
Z I Z Q M B A M A Y K O V B B
U B K N A P A K A R A M I N G
S I M B A H A N F R O N T I U
M A G H U G A S L L I J G D Q
```

NAPAKARAMING
PHASE
BIKE
SALAMIN
KANDILA
BOBO
GLOBE
SIMBAHAN
PAGGASTOS
KUMUSTA

DALAWANG
LAHI
REWIND
BANGKA
GREEN
CLOCK
FRONT
AWIT
UWAK
MAGHUGAS

Puzzle 60

```
V Q L L R W O H P Q Q J K G K
Z T N O I T A T O U Q O C M O
G N O T I R O B A P O C O S N
Z B T F I H R T O B S S M S K
P R I N C E K N O U S R W N L
C K A P A M U E S U M X L O U
S P R K W A S G I B C B C W S
G L T E R E E A S Y D A G F Y
C A R Q F R A G F H Y G T L O
B Y O D B T R E L A V X U A N
N I P Y I S M A K I N O O K B
Q N K J X Y D B J A N R P E R
M G P G X K Q F K Y Z H Y A G
I K D F J K C Q S S H Y E R G
```

MAPA	PABORITONG
MUSEUM	BAG
PLAYING	STREAM
QUOTATION	SNOWFLAKE
MOCK	GREY
BOOK	ALERT
AGENT	PORTRAIT
KONKLUSYON	SHY
BREAK	MAKINO
PRINCE	HARINA

Puzzle 61

```
M T W A K H W W Y D G D N C A
A K P Y N W F L W A J U U R L
G B F W A O L T E X T P T E M
L B I M B U R P E O X L R A R
I H S T F S E T R A M I I M J
N W V N A U P U H T J C E E K
I M I D R K H T Y A P A N Y C
S A H A L I P S F B T T T I R
P U C I H V R A V G R E S P J
J C X E H M I T B M A S A Y A
Q F B C O C E U A D D R E S S
B U U K W N A R A K A T A P R
C O O Z I D I P Q Y R B P A S
T I D I K A L A W A N G V N I
```

BANK
BATA
STUT
DUPLICATE
ADDRESS
MARTES
HALIP
TEXT
NUTRIENTS
NORTH

MASAYA
UPUAN
CREAM
PAINFULLY
IKALAWANG
ZOO
TOUCH
PRUTAS
MAGLINIS
PATAKARAN

Puzzle 62

```
S E N A K A R A A N A M P O N
Z H X T R Y B J K O W M A X N
K H R N T U O C K O I N S C I
A A X E K L R S S M L E U M N
I S G K W C B U I L I X P V U
G N A A R A K A N Z N N E L N
S S B R N R X I E P I J S M O
W E L D E A H T Z S B O E A O
E N O U I E P A S I R A I N N
D A O M O B S A G A W I N U L
E R H C Z B W Z N H K I R J Z
B Y C M D I P A S U K A N S I
A O S M A A L I K A B O K Y D
L I M I T A S Y O N I G D X C
```

NAKARAAN   DRAKE
AMPON   BINILI
MINSAN   SHREW
SWEDE   PASUKAN
MOON   NINUNO
LIMITASYON   LUYA
NAKARAANG   USAP
GAWIN   MAALIKABOK
SENARYO   SCHOOLBAG
KAGANAPAN   SIRAIN

Puzzle 63

```
B G Z I G N B A J S C Q D B R
F L E G T O O H S I I X V I E
O O U N O Q F H A D U C S X D
M S O L C O A I B E R T A A N
E S J Y B S P M U R S K Y H A
D A Y A N A B L K V K H D L G
P R A V F K A E V R E S E R P
V Y T R N I G U T O M D M P N
V A S Q V S J L E B Z S Y N T
G R A D U A T E L O V O Y O H
W Y U A J A S C C H Q Y S T K
M M T L I M R L Y A Z A W T R
U L B Y R G N O H E R A P O I
H N P I N G G A N B V M W C X
```

STAY
GANDER
BANAYAD
BRASO
RESERVE
VOLE
GRADUATE
GUTOM
MEDYAS
PAREHONG

SHOOT
MAASIKASO
PINGGAN
GLOSSARY
UBAS
MAAYOS
SIR
LOOB
SIDE
COTTON

Puzzle 64

```
B U M U O U A B P S Q S X D G
G E B V V Y A S U H A M W N N
Z E K Q Q Q O U D F P N I O O
K T W N I A D Q E H F T F S T
L A G A R I N G J P U A O A I
O Y R A T N E M O K K L L L P
T U E P A A B Z A S A W A O O
U S T M A H A H A L A G A N G
M L A T N E M N O R I V N E J
I J E Q U P H A P K E I A X E
N Z H F F Y B S W A N Q Y D L
G L T A M E R I K A N O R O L
I Q P O V F E V M U O X D U Y
N I D N U S Y H G A N I M I K
```

SWAN	MAHAHALAGANG
PITONG	END
KUTING	ASAWA
TUMINGIN	PAA
KOMENTARYO	LASON
JELLY	ENVIRONMENTAL
LAGARING	ANIM
THEATER	BUMUO
SUNDIN	BUFFALO
AMERIKANO	MAHUSAY

Puzzle 65

```
S  I  N  A  G  T  A  T  A  G  L  A  Y  N  X
F  U  M  T  A  T  L  U  M  P  U  N  G  A  B
W  A  L  I  P  A  G  P  U  N  T  A  I  G  S
R  S  R  Y  N  V  A  R  I  A  B  L  E  B  O
O  I  L  C  A  U  Y  I  X  X  L  V  X  I  N
T  L  K  W  O  P  M  B  N  H  V  F  K  G  B
K  A  S  W  J  I  N  U  G  A  W  U  L  A  M
O  B  U  P  T  R  H  T  N  L  A  Y  O  Y  R
D  A  X  N  R  T  G  U  I  G  V  P  B  P  H
E  B  H  X  A  S  K  T  L  D  K  N  Q  L  G
A  A  E  E  E  N  X  V  L  Q  J  A  W  M  G
Z  N  V  F  B  X  G  N  E  G  R  A  H  C  F
S  N  A  I  L  Q  F  O  P  O  C  Y  I  I  G
T  A  H  I  M  I  K  G  S  T  N  I  A  P  J
```

MALUWAG	NABABALISA
STRIP	TAHIMIK
SPELLING	TAUNANG
SNAIL	IMINUMUNGKAHI
BEAR	DOKTOR
SULYAP	CHARGE
TATLUMPUNG	LAYO
NAGBIGAY	TUTUBI
PAGPUNTA	NAGTATAGLAY
VARIABLE	PAINTS

Puzzle 66

```
U N R N U G N O Y L I M M P K
N I W I L A A B V I Y V L U A
W E L P W N A I E J C N E W M
H T P A H C D T E R L K G A A
X R T N Q E N A W W X C A N K
Q A A A P L A D H P H K W G A
K K E H L L T K W E T N A B I
F S F R A C S O D I C O T U L
D I T A N Q A E B V A P A N A
W D G K O E M O B X I A N D N
G V G O C R N D I D K T I O C
S T R A N G E S T I C R T K Q
M A Y R O O N G W N I I W U W
B O K A B U L A R Y O P W J H
```

BOKABULARYO   MAYROONG
SCARF   BUNDOK
HANAPIN   KATAWAN
ALIWIN   WIKA
TANDAAN   PUWANG
TRIP   DISKARTE
BITAD   FEAT
CELL   TINATAWAG
AKTIBONG   STRANGEST
MILYONG   KAMAKAILAN

Puzzle 67

```
R T H E M S N T L C Y T S Y P
P M J J E M O D A B A S D Q A
J R K N J I E G S M P E Y T N
L E U A N A W G H R A T S T G
B L D W A A J V O K N N C U K
S G X A S S B J O K I C G M A
B N J K A E P I K Z T U M A L
A I I C L A Y A B X T D H K A
N S L C K R X H I P S R B H
S T W R U C O J U Z L N C O A
A B Y L T H R E P L Y A H A T
P A G A A R A L N H Y P N H A
K M K J N B W J I N I P I G N
T O E K A T O T O H A N A N G
```

NABIBILANG   SHOOK
STAR   KATOTOHANAN
REPLY   SEARCH
TINAPAY   KAWAN
NGIPIN   TOE
PANGKALAHATANG   LUNES
SINGLE   BANSA
INPUT   TAMANG
TUMAKBO   PAG-AARAL
NATUKLASAN   SABADO

Puzzle 68

```
Y L X Q Y H J P U S F U Z T K
S O L U S Y O N S K L L N R I
I N K A G M R G A K Y J Z A N
A U S Q T S N I P H E D K N A
M P I L U T N M T G X I S S K
K A K I N U H A S I A A K P A
U G H P X A Z L O E G M R O I
L A Y U V X Z G I S N E N R L
T A O R L F Q A Q W M L R T A
U M F Q M A U T H Y B B X G N
R A S A T N A P O M R O N U G
A P A G O D X N Y L Q R A I A
N P A G G A L A N G L P Y T N
G C K U M A L A T O T R R I V
```

MAIS	KULTURANG
PREMYO	MAAGA
MAHULAAN	PANTASA
PAGGALANG	PUNO
TAGLAMIG	USA
SOLUSYON	TRANSPORT
KINUHA	KINAKAILANGAN
PROBLEMA	LYNX
KUMALAT	TIGER
TULIP	PAGOD

Puzzle 69

```
A U P A Y Y E P S G E P I U E
N L M A D L A P O W Q N D T F
Y I T A J F B M F Z E T I S Y
O A N I K A W A L A P A N Y W
T M E B B Y W Z H G K N T U T
I X T I Q A A G A G W R E E I
N C G N O K I T A M O T W A R
N A N G I N G I B A B A W N A
M A K A B U L U H A N G X I V
I N S K A I B A H A N J B M E
P A G K A K A T A O N Z Q A R
M A K A T A N G G A P R K T A
K E Y D O M U X C O S T H I G
F Z J I S K U T E R Z W L B E
```

PALDA
AVERAGE
MAIL
PAGKAKATAON
ISKUTER
MAKATANGGAP
MAKABULUHANG
UMAKYAT
TENT
TATAY

PALAWAKIN
KAIBAHAN
KEY
COST
ANYO
NANGINGIBABAW
SITE
BITAMINA
SWEATER
AWTOMATIKONG

Puzzle 70

```
K S D T P T M M H U W I T A T
W U T E Y L A T E D I N E F R
E W M X Y Y G D V V N I L T A
R O Y A M B A N J G D I E E N
P N J P I O G I I F O S S R S
I D F D B N A O E X W I C N P
F E N L C T W C S N O P O O A
S R V M S L A A O T H B P O R
I E D G D Y N T J P G M E N E
I W R E F E G C X B M S O N N
Q P A I D T T H S I K S I K T
K S C T E M A G A N D A N G C
D I L A W S H A L I M A W Z K
T E L E B I S Y O N Q O R V A
```

INIISIP	TELESCOPE
WINDOW	DETALYE
SERIES	COIN
MAGANDANG	WONDER
HALIMAW	SON
AFTERNOON	TRANSPARENT
CARD	MAGAGAWANG
TELEBISYON	CATCH
DILAW	BOXING
SIKSIK	KUMAIN

Puzzle 71

```
E G W P D V E O Q X V J I J L
K G T I B I M I J D Z R O D U
U N L F L L I N H R A E N A M
X I E O K L I D O Y D O A Y I
S T E Z A A J V A T P H L T P
A N H M R G P Y N U Y G A N A
O U W W N E G N V D G B G A T
B I W R E N A N L X K Y N T V
A T G N A T A N A B A K G G N
B N C M W W S P L U M I N A M
A U G V I B O N A B I L A P I
B G U R R B R A N C H I P W N
A A R M C H A I R L Q N R O V
P O R T A B L E R B P B X I P
```

PORTABLE

UNTI-UNTING

IBON

DUTY

PANGNGALAN

LUMIPAT

PAGTANTYA

BABABA

IPALIBAN

BRANCH

PLUM

HOE

POND

KARNE

WHEEL

VILLAGE

ARMCHAIR

SILID

MANGYAYARI

KABANATANG

Puzzle 72

```
L F Q L L O N A I P E J W B Y
O V V K D A M E T S I S S D I
B L M K H C D L E S A E W P G
O S O A S K X M A Y D O A A I
Q L Y I S C P P B Z Y H Z O L
I A N S V I A K A R I H I B A
G Y E L M T U B B W K K T Z H
C S S C O E L B A S O P S I D
U I I S P O R T P T A Y U A N
R P D M F N I Y G F C U P I D
I O B H M G P A G N A N A I S
D R A M A T I K O N G C I O T
M A I K L I N G N I T N U G F
L Y C K H K I Z L S W S E H Q
```

IPAHIWATIG
DISPOSABLE
MAIKLING
WEASEL
TAYUAN
HALIGI
SPORT
SISTEMA
DISENYO
GAYAHAN

GUNTING
PABABA
PIANO
OPISYAL
PAGNANAIS
SAPATOS
BIHIRA
LOBO
DRAMATIKONG
CUPID

Puzzle 73

```
M G D C X D M B P Q Y A L N P
B I L O G U P P R I G S P E I
A Y S K M O F A E M S S A G N
L U W I X B K G S C I O N A A
F G X A J H X S S P A R G T K
J A C K X I O U D A N T A I A
M A W G Y K A S U G S M L B M
S K A T I N G U P K I E A O A
F C C U E G N R K A A N N N Y
U O H C N X S I D T N T A G A
N U S U A W C P E A A A N T M
D R K Z L R W B G P K H N K A
X S X O P U C Z B O M P N I N
Y E S R E L T T E S P U G O G
```

SKATING
PINAKAMAYAMANG
FUND
KANAIS-NAIS
PAGKATAPOS
ASSORTMENT
COURSE
BILOG
KUNG
CUT

MAXIMUM
GINANAP
LAY
PRESS
SETTLERS
PUGO
PAGSUSURI
PANGALANAN
PLANE
NEGATIBONG

Puzzle 74

```
B T A P I L I Y D C S T T K F
I T A T I K A P G A N R A U U
B I M P X Q P L K W G A I M R
I L S V U K N I P H I I N P N
L H V M Z S R U O Y S N G L I
A C J I N E I N M F G I A I T
N H H D E D O N Q I G N Q K U
G B X Z S R O J L X N G T A R
I T U B A M G Z E P A O C D E
N A Y B E K X Y S U M B M O S
N I L A L A M A N G E Z Z N U
B Y S J E G C G P J T L U G L
U A V N R B L U E B E L L T A
H B Y J O G L Y Y T G N H V T
```

HONORABLY
KUMPLIKADONG
TRAINING
SULAT
RELEASE
BLUEBELL
NAGPAKITA
BAY
PINK
TAPUSIN

FURNITURE
ILIPAT
BIBILANGIN
UMINOM
NILALAMANG
TEMANG
TAINGA
MABUTI
SIGN
DESK

Puzzle 75

```
B D A P A L M C W W A G L T S
S A A T I Y J V Q S P R F J K
K D L L P Z G D D M U I F Y I
N I P I S I Y O R E Z K I S K
U B S U K H I T E T O Y O M A
H A H U K A M R M U Q C T S T
K R V M B H T W C Q I T X T L
A G E Q L U M A S P I H C L O
L G N L Z S O G O Y U B U B N
A Q I H C A E T B U M A B A G
H W M Q Q Y P A G B A G S A K
O R Q L G R C W M A A S M F D
K P I N A K A M A H U S A Y C
P H W U P U A C J R T C A R X
```

BUMABA
PINAKAMAHUSAY
MINE
MAKUHA
ISIPIN
HUSAY
HIT
CYCLE
KALAHOK
LAPAD

BUBUYOG
AMOY
TEA
GRABIDAD
TOPIC
IKATLONG
ITAAS
PAGBAGSAK
BALIKAT
CHIPS

Puzzle 76

```
A  K  O  S  S  D  T  A  L  A  T  A  I  K  T
P  S  K  O  B  B  R  J  I  G  X  S  X  L  U
R  B  A  P  L  W  X  O  Y  R  A  N  A  K  M
O  O  Y  U  C  E  L  P  P  A  Y  D  N  P  A
N  D  S  P  L  E  Y  U  O  G  I  E  E  I  W
S  A  R  I  W  A  N  G  N  K  M  N  S  N  A
B  R  O  B  C  T  Q  O  S  W  O  T  K  A  G
Q  E  G  Z  I  F  T  C  I  A  N  I  E  G  Q
N  P  Z  I  D  U  C  M  A  R  O  S  T  M  O
S  S  B  Y  N  D  U  Y  N  T  K  T  U  U  N
V  E  Q  I  R  A  Y  A  M  O  E  A  A  L  A
H  D  M  M  A  A  A  S  A  H  A  N  G  A  O
Q  S  P  R  I  N  G  E  B  R  M  S  J  N  T
P  K  A  H  I  L  I  N  G  A  N  M  C  M  W
```

KANARYO	TUMAWAG
MINUTONG	APPLE
OKAY	APRON
DENTISTA	KAHILINGAN
DROP	EKSENA
EKONOMIYA	PINAGMULAN
SARIWANG	MAAASAHANG
TALATA	SPRING
MAY-ARI	BLUSA
DESPERADO	KWARTO

Puzzle 77

```
N L D G N E T Q F K O D B Y M
G N N N X H T F W Y T L I O W
I A S A A N I J F V S M B B Q
A N L L D N A T A K U S I R G
P A A U S I S A U J N Q G U Y
M L Y G G E T E L O I V B S N
A I Z A J A K B T R G A S H D
C H Y M Z A R D A A L U T Y S
W A E I S Y M I M L K E C P U
R D H O C K E Y N O U M D X R
I A D Y A Y L F R E T T U B I
T K H M J A D K Y D B M N F I
E G Z F R O T E L E P O N O N
R P R I B I L E H I Y O A L L
```

SNIFF
BIBIG
TELEPONO
VIOLET
HOCKEY
WRITER
ASA
LARO
BRUSH
BUTTERFLY

NET
KROKUS
GINUSTO
SURIIN
GALUGARIN
KADAHILANAN
SUKATAN
PRIBILEHIYO
CAMPAIGN
MAGULANG

Puzzle 78

```
M A S I G S U H A O L E D O M
A M I V D N J W B P A W N O V
H I N G O A I Z I D Y K Z Q M
A N A L L L G B A N U Y P S O
L G U E A U W D K O N K A G G
A X N K Y G G N A R I S R D H
G K A O R A B U K G N K E R V
A N N W E P I O G N R S P A I
N H G D T O P R A I I I A O T
G I B G A Z K G P S L A R B A
O J S T M C S Q Y M A N E A L
L I B O N G L O H I G X H Z A
D K C Z D C N P C O U V O R G
M A I W A S A N P A U P O F A
```

PAREPAREHO
AMING
PAG-ULAN
MAIWASAN
IDAGDAG
MAHALAGANG
PAGKAKAIBA
GROUND
NAIS
ITALAGA

SINAUNANG
KALIWA
MODELO
MATERYAL
UUGALI
DESISYON
BOARD
LAYUNIN
SIRANG
LIBONG

Puzzle 79

```
H O N O I N I P O E J B P Q S
D Q M H L K U Z P F T W R N C
O T N O I T A C I L B U P X R
Y A N G U G A P I K A M B Z U
S Q M A G S A L I T A T I A B
N A K A K A I N F J I U I W K
T H E R M O M E T E R L L K C
U M N Q A A T R A M L O A P I
X N L D M B E Y R C R N R A P
F Y A O C U R P M U T G A P I
Y A S K W G I H G R Y W W E D
P A N A N A L I K S I K A R Y
Y H A B A N G O T Y D B N B S
S A G N O K I M E D A K A Y G
```

OPINION
PAPER
PUBLICATION
NAKAKAIN
GANSA
SCRUB
ILARAWAN
THERMOMETER
SANHI
HABANG

TULONG
TRAM
KABUTE
PICK
MAKIPAG-UGNAY
MAGSALITA
BAKOD
PANANALIKSIK
SAY
AKADEMIKONG

Puzzle 80

```
E T Y X S O X U Z V D G H Z P
G O O D B Y E Y F I X N U S U
O R O V Z P F I F J F A L T L
N G F K A N G A R O O K I L B
H C I W D N A S R G Z A N K O
U N A A R A M A M A P K G V S
L A T K U M A W A Y W A A P K
A U E I J Q F P G A F T C K H
C U L L E T O Y M H B A C A K
N G A X Z L T O N U V W O R K
N N G R U P O N G B T A U E K
L A P A N G A N G A S O N R Z
A Y S N O W M A N O W S T A C
D N P R E C O R D Y Z S Y D X
```

HULA	PAMAMARAAN
SNOWMAN	RECORD
ACCOUNT	GRUPONG
TELL	BUHAY
TELA	KANGAROO
KUMAWAY	NAKAKATAWA
KARERA	HULING
PANGANGASO	PULBOS
NAUUGNAY	GOODBYE
FIX	SANDWICH

Puzzle 81

```
N A G T A T R A B A H O V Q X
L M I N U T O P A L A G U I N
A E P W T C A P M O C I S Y U
N T A K P N V N M T C O N O S
G I L D S A S E W U B M A R P
O R E I E T N N A T Y C N B A
G W K I N R A A U A C G U M G
C K S V C S Q S M M N Y P E S
J D Y B U A C Z M U E C I Y U
Q O W L T H E S I S G Q L I K
I A I S P E C I E S R A N M A
V K C E H C C Q U I E L A A T
E E B I Y E R N E S M O P I C
C R J L V L A S S O E U C K F
```

COMPACT	NAGTATRABAHO
MINUTO	EMERGENCY
MATUTO	KILUSAN
BIYERNES	PAGSUKAT
WRITE	LASSO
PRAMBUWESAS	SPECIES
PANLIPUNAN	PALAGUIN
ANG	MIYEMBRO
GUMANAP	CHECK
THESIS	LEADER

Puzzle 82

```
S A A T A M N R K O Y M F M S
K I W H A J O A I W M G I A U
B R L C D K A T N I I F R H M
L A G A M U T E A G U P E I A
P C S G N M I M L G W C M N N
R D L T R G K W A L F F A A G
E H U V O H A B B E C R N H G
S C T N Y S N N A I P U K A U
I W N E L P N O S T O O L B N
D A P B E I X F A U F A S W I
E I Z F S K V D N H R K U B I
N Q D B H R S U B J E C T S C
T A X O P A G P A P A D A L A
S E N S E L E S S X D G D X J
```

BAHA
PRESIDENT
SELYO
SENSELESS
TUMAGAL
SILANGAN
RATE
WIGGLE
TOOL
BASTOS

CAR
GONNA
FIREMAN
SUMANGGUNI
MAHINA
SUBJECT
KINALABASAN
MATAAS
PAGPAPADALA
NAKITA

Puzzle 83

```
C O G G A B I D Q N G U R D I
K Y N U G V H W T W N Y E E N
B A I D Z E A K O Z I O N D V
G P K S G U M G N I H S I F I
Q W A U K U U G A R C T H M S
S S L R L C T Q J M T N N K I
A P A K C A G K F D A Y A A B
R A M D Y P N N H L W K M Y L
I G A G W C V G A A C W U A E
L H K U W J Z R A Q L L A M B
I I A N V H A L S N I I P A B
N L N J V A B U N N Y X K N M
G I I S P P E R M I T D Y A D
H G P I S T O R B O H I N N Q
```

PAGHILIG	WATCHING
SARILING	KRUS
TUMAHI	PAYO
DRUG	PAARALAN
FISHING	PAUMANHIN
INVISIBLE	GUN
KAYAMANAN	KAKULANGAN
PERMIT	ISTORBOHIN
HALIK	PINAKAMALAKING
GABI	BUNNY

Puzzle 84

```
K Z G Z G O M C E Y K H T D G
X I D I S R E G U L A S Y O N
U Z B A A H U O F F L Z D Q A
Y U R T K W R F R E I T T T N
T I I V B P T F N R P M J H I
P I L A L I M O T I P I G L H
N O Y I H I L E R F E S I A A
C N P A S U G A P I K A M U P
G I S A N T E S C J D E F G S
E L L I P T I C A L O A T H C
P A L I T A W I N O L G D A W
L I T U H I N G A L I T I B U
J K N K S K I I N G H V S L Q
B A N D I L A M A R K E R E I
```

PAHINANG	ELLIPTICAL
BANDILA	PIRASO
GISANTES	PILAK
RELIHIYON	OFF
GALIT	FIREFLY
MARKER	PALITAWIN
LITUHIN	SKIING
REGULASYON	ILALIM
TUBIG	MAKIPAG-USAP
AWTORIDAD	LAUGHABLE

Puzzle 85

```
O E S D W H M J A O N L A I N
L F E I B I R L I S J H H J E
G N T A L U W O D A H S U S P
T R E A F A G N A B A T W F T
N S T I H I T O D O V E B N U
E A O N U M E R A T O R D O M
M U N G G O Y E M A R U M I A
G Y J J D L U X M B G I R T L
A Y U U O H U I A A N W I A O
R M O Q X U U S Y B O Q G R N
F R N V Z I D T U A N F G E D
P K V X B Z F J S N I N V N C
R K N U W S O L I K G A P E F
I N D J E U S G N O L U P G F
```

MARUMI
BASO
TUMALON
PAGKILOS
NUMERATOR
EXIST
HAWLA
AYUSIN
FRAGMENT
DAD

PULONG
MATALIM
NOTE
UNGGOY
SHADOW
GENERATION
NABABATO
PROUD
ULAT
ABANG

Puzzle 86

```
N B A P O K K R A P C F C U K
W D M R G A I U C X V J J E A
E T L O N P N O Y E V O S N B
S I L T D A A H M K V O I J A
T I M E J N K I E U Z A S Z L
E S Y K Z G A T S M R T I G Y
R I C T F A I L T A B X R A E
N N C A L N L I A T B Y K N R
I Y K H B A A C G O L A S A O
N S G A Q K N S T K N P L W G
K S D N P A G K U A P O Y I A
O A L A R N A D Y B Y Y X M M
V L K K L R N L O A T S T U U
Q G I R D X G Q T T Y L H L L
```

GLASS
KINAKAILANGANG
KAPANGANAKAN
TABAK
TAGTUYOT
KUMATOK
RAIN
LUMIWANAG
PARK
ISDA

LABAS
TIISIN
LASA
LUMAGO
WESTERN
PROTEKTAHAN
KRISIS
APOY
KABALYERO
HOUR

Puzzle 87

```
T A T S U L O K K R O H N L L
P I N T U R A L O L E K A M S
N O T E B O O K Z S L D G F N
K M Q W N I M A L A S A M U S
L S F L Q N E Z I T I C A M N
N E C T A R A S O X N Z M A A
F R A X J J Y R H R A Y A Y D
C D W A R X E S S O B M D A A
S O R P R E S A M L R R A M M
K A T E G O R Y A N G E L A I
K A T U T U B O N G B M I N V
T D A L H I N J C T D Q T L L
P A U S E N A K A K A K U H A
M I R N T W O T L R U I V F T
```

MAKE   TATSULOK
MAYAMAN   NAGMAMADALI
PAUSE   LOLA
KATEGORYANG   CITIZEN
NARS   NECTAR
PINTURA   SUMASALAMIN
DALHIN   NAKAKAKUHA
SHORE   DAMI
SORPRESA   STORE
KATUTUBONG   NOTEBOOK

Puzzle 88

```
K Q G G G N O I L Z P Q S V E
X A T O F I D A V L G J U Z W
V M W L A H A M H P A M B S Y
T D E I Y A R I K A D E S G H
A H B F L Y U L Q U L S T T I
S D E X W I H K X Z K S A S L
K A P A G T W A K L B A N G A
R E H I Y O N I E X M G S R H
U S S Z E E Y O L P M E I Y I
S U M B R E R O I I M F Y M N
C A L C U L A T O R N P A O M
C U S T O M E R P E U G F P P
F E R R E T T E N N I S O D S
I K T C T F T S W D D R P G J
```

SUBSTANSIYA   EMPLOYEE
MESSAGE   MAHAL
SUMBRERO   HURADO
SHELF   REHIYON
CUSTOMER   HILAHIN
ILOG   TAX
KLIMA   KAWILI-WILING
ELK   TIYAHIN
FERRET   TENNIS
KAPAG   CALCULATOR

Puzzle 89

```
P N P I T S V B J H X R T A T
H A C O Y Y C N O G U T A P A
X M M J D P P Y C A K B N A N
A U I B P F R K R S Y U G T G
R K L Y U A G I L H Q N H N K
T U O T Y R T R I E S I A A A
I H N D Z Q A I P R H G L P I
S P G I U V S L I W B Z I U N
T J F M Y O D A M L A K A N S
T E K O C G P D N I W Q N G L
A D A M J A H I G H W A Y R P
V I L Q T B K O J N O Z X U E
L W A H L P F Y P F L Q D O W
G A B G K Z E R V W B Y T Y E
```

KALMADO	ARTIST
BAGO	PAMBURA
BLOW	DALIRI
DYARYO	TANGHALIAN
TEKO	GUYS
HIGHWAY	WIDE
TIRA	TANGKAIN
TUGON	WIND
ILONG	BALAK
APATNAPUNG	HUKUMAN

Puzzle 90

```
I  W  B  G  V  G  A  G  R  E  S  I  B  O  A
G  N  O  R  A  L  G  A  P  A  M  D  N  R  R
N  K  I  Y  W  P  Y  P  D  L  S  W  U  S  E
Q  J  A  V  C  U  A  B  F  G  O  T  D  H  P
N  H  K  A  J  H  E  G  E  V  K  S  D  O  S
I  F  A  S  Z  N  O  E  S  A  P  O  F  W  N
R  N  N  I  F  X  N  R  A  B  H  D  E  Z
O  M  D  O  C  P  Z  T  M  J  S  G  S  R  N
O  D  I  U  L  F  S  V  W  Z  G  A  A  D  F
N  G  D  T  C  I  D  R  E  V  D  B  N  V  X
A  X  A  B  E  N  E  P  I  S  Y  O  S  A  K
P  M  T  E  A  L  U  P  I  H  A  N  H  M  Y
U  Y  O  K  U  T  A  M  D  E  P  R  E  S  S
P  P  G  T  Z  I  L  I  N  A  A  N  T  O  K
```

BARN	INAANTOK
MAPAGLARONG	PANOORIN
AGRESIBO	BENEPISYO
DEPRESS	KANDIDATO
KASO	PAGSASANAY
FLUID	ASNO
VERDICT	SHOWER
GHOST	ALUPIHAN
PERA	MATUKOY
ISTRAKTURA	IHAYAG

Puzzle 91

```
X B B W R W K R I T I K A L C
B H T O F Z E S H A D E W I H
U R O R J N B E V C R N A B A
E L I E U A V I K U J F R I R
F A P T S N Q F K E N J D S A
G Y A P T U K I A S N D R A C
U O K O A T K L S L A D O G T
F R I C N N K L T E Y T B K E
G Z L I D U S F A D A Y E O R
E L A L A N I T N G N Z C Q O
R X L E R A W P Y E U F P Z D
R K A H D P O M A V T E E F N
M A L A Y O J K S D A R B S O
P I N T A S K N L P P J F F C
```

KASTANYAS

MALAYO

FLOOR

TRUNK

WEEKEND

SHADE

KRITIKAL

STANDARD

IPAKILALA

HELICOPTER

SLEDGE

PATUNAYAN

WARDROBE

ROYAL

SIBIL

CONDOR

PANUNTUNAN

CHARACTER

PINTAS

FILL

Puzzle 92

```
K A R A N I W A N G K J Y O I
B P E Z A N Y T Z M H D D G H
W A Y D A D I B I T K A U Z U
N O Y S A R E P O K J S T H J
I L A D G D I I S U D J E B B
P G H K P Y N N U F N N R A G
Z I A A C J V D E V A I U S C
D S B I M Q M E G P L T P K K
P M T B P Y U X A Y A I T E R
X G I I T D U N M B K L Q T U
M Z P G S H O P T F A U L B S
P B A A W O K E Q P L B U A H
O H K N D S T A F F A R H L X
B U S I N E S S X W K T A L F
```

BUSINESS	AKTIBIDAD
KAPITBAHAY	BABAE
INDEX	ULITIN
FUNNY	PIN
KARANIWANG	STAFF
BASKETBALL	ERUPT
KALAKALAN	SHOP
NAPANOOD	LUHA
EDAD	SIGLO
KAIBIGAN	OPERASYON

Puzzle 93

```
F Q P O P U L A S Y O N A E Q
N O P A G T A T A N G G O L U
N T O P A L I G I D I I S N E
W A C T C O M P A N I O N O E
L P R W B O P J B A B W N D N
T M Y S P A N I S U K C I R T
E A S Q W C L A N O Y S O M E
D I D G I R I L A D A M X D C
D N P T B A L A N G K A S E J
Y Z C H T H E O R Y S D N G T
W R C P O P A G L A K A D R O
A Y W L F N L U S V R R U E N
B O V S P C E Q T V X N O E M
P X G E K S P E R I M E N T O
```

MAIN
BALANGKAS
TRICK
PAGTATANGGOL
QUEEN
TEDDY
PHONE
FOOTBALL
POPULASYON
COMPANION

EMOSYONAL
PATO
THEORY
KUSINA
MADALI
DEGREE
PALIGID
ARCTIC
PAGLAKAD
EKSPERIMENTO

Puzzle 94

```
S  E  A  R  C  H  I  N  G  Z  W  M  N  E  K
S  Y  H  K  O  O  X  V  E  W  D  U  O  V  A
E  D  B  M  S  Y  Z  H  V  K  M  I  T  P  H
R  N  E  A  W  A  G  A  G  G  N  A  M  L  A
T  F  E  G  O  L  U  H  A  N  B  T  N  A  L
B  W  S  A  D  A  K  E  D  V  C  E  W  T  U
F  N  E  T  H  A  L  A  L  A  N  E  E  E  M
M  G  E  U  L  W  R  J  Y  P  I  D  K  R  I
S  L  H  B  B  O  Y  L  I  S  T  U  K  U  G
X  E  C  I  A  L  V  L  O  E  O  T  W  W  M
N  U  C  L  T  L  I  U  X  Y  K  I  Q  K  I
N  O  R  I  R  I  K  G  M  Z  I  T  A  F  G
N  K  N  N  N  W  A  T  A  C  E  L  O  P  A
E  B  O  G  N  I  R  A  Y  G  N  A  M  A  N
```

BEER	MAG-ATUBILING
SEARCHING	DEKADA
KAHALUMIGMIGAN	WILLOW
ALTITUDE	POLECAT
MANGGAGAWA	YES
CHEESE	PLATE
IRON	PILIIN
BAT	HALALAN
KUTSILYO	VOLTS
NAHULOG	MANGYARING

Puzzle 95

```
Y E Z Y G T Q L H H F X K B Z
M A L A L A N G N A B T R Z D
E L S C H P N T A G I N I T S
S S L I D E A M O G V T T C H
T I H C I F T G J N N S K L A
U O P F I Y A Y B A K D A T A
K A C T T R G I L A X A M P D
A K P F I G A P W Z B M N F Y
D U N N L M R I F Y A A K E M
A R S H O E A P E A F E L W R
S A J P O Z K T R I G O F I E
W A K E W I T H D R A W W X K
P A G S U S U M I K A P P Z V
U G I J J M H O O F L F C I G
```

BANG
TRIGO
SLIDE
PAGSUSUMIKAP
IISA
MALALANG
ISLA
GOMA
KARAGATAN
WAKE-WITHDRAW

PEA
TAG-INIT
WOOL
PAGBABALIK
SHOE
PLANT
ESTUKADA
DATA
HOOF
FIRM

Puzzle 96

```
P T I Q R I X O V T L E O N G
A L A W A N W I S A A T Y N O
T S I C V M G I W F U E A A N
A T I N O N T S O U U N E K U
W A B M T N E C P W U G B U T
A M W Y E E P A G K U H A B C
R P Q I X D R B R I D G E U U
I F C W I P I E H Y B I C S R
N S A F F R S F S F Q T B U V
L A M P A S A A R A L I X N E
S E C R E T A R Y O S M N I I
R G I F O G N I L K C U D S L
T I N I T I Y A K J X T P X A
D I N F O R E S T D S F D F M
```

CURVE
TINITIYAK
PAGKUHA
BRIDGE
TAAS
UNANG
SCIENTIST
NAWALA
LAMPAS-AARAL
FOREST

DIN
TUNOG
SINUSUBUKAN
TUMITIG
DUCKLING
LEON
SECRETARY
STAMP
INTERES
PATAWARIN

Puzzle 97

```
J Q N W F M Z K J Q F M N A X
S P O R D W O N S E A A A C M
N X Y V V J G O F J P D P U P
I T S T Y R N P N P U A A P I
L F A N S E I C E P S L K O N
A L L E U T L O O T S I A P S
L G E D R S I W Y R D R R E T
A V R N K O B U B B X L A R I
M K P E L O U J A L Q T M A T
A D R P R R T T Y F L P I S U
N S O E U V A G M B E V N Y S
G T U D W P G V L Y D E G O Y
E V D N T L A G A M U T D N O
E A F I R E M A N O Y A G N N
```

RELASYON
STOOL
SNOWDROPS
NGAYON
INSTITUSYON
FEED
ROOSTER
INDEPENDENT
NAPAKARAMING
BATA

MOON
NILALAMANG
SPECIES
FIREMAN
TUMAGAL
KRUS
PROUD
OPERASYON
MADALI
MAGATUBILING

Puzzle 98

```
O G N O L U T A E D I Q G B R
B T C A T N O C L M E U H V E
I M B O P I M M D T T M N K W
L V X B M A R T N H I K A C I
E N G I N E K X A B F T H S N
M I L Y O N G A H Z O C U W D
P I R A S O I K S L R C Y D R
P A S A D Y A N G A P H A A E
D B J T P N Y X O Q M C D I C
E V O T D T F C I K O A Z R O
B Z P I N A K A M A T A A S N
A O L P A A R A L A N C B H D
T A T M D Q I C I C L E S M O
E R P I N A G M U L A N E M R
```

ENGINE
DAYUHAN
DEBATE
CONTACT
PROFIT
PINAKAMATAAS
ICICLES
HANDLE
NAPAKASAMA
PASADYANG

REWIND
KANDILA
MILYONG
PINAGMULAN
TRAM
TULONG
PAARALAN
PIRASO
CONDOR
ALTITUDE

Puzzle 99

```
P  B  M  N  D  G  O  J  P  H  M  U  C  C  X
Q  A  H  A  L  A  G  A  O  E  A  P  I  C  K
B  I  N  A  G  N  A  P  R  L  N  A  T  G  P
N  Q  F  S  D  I  K  S  T  P  G  J  C  I  A
T  A  L  F  A  I  L  E  R  F  Y  X  R  S  H
C  Z  H  N  E  R  I  W  A  U  A  I  A  T  I
I  Y  H  U  U  G  I  V  I  L  R  V  P  R  N
D  C  J  M  L  J  G  L  T  L  I  B  R  A  T
R  X  I  V  P  O  R  W  I  Y  N  J  S  K  U
S  A  Y  A  W  A  G  B  C  N  G  X  M  T  L
W  S  Z  M  Z  V  P  Y  P  C  G  A  W  U  U
F  R  E  E  S  I  A  E  R  A  U  Q  S  R  T
C  V  K  C  O  G  N  O  L  T  A  K  I  A  A
N  A  G  A  A  L  A  L  A  V  F  Z  B  K  N
```

HALAGA	SAYAW
HELPFULLY	PAHINTULUTAN
PAPEL	KIDS
NAGAALALA	PORTRAIT
WIRE	IKATLONG
FREESIA	PICK
SQUARE	ISTRAKTURA
PANGANIB	ARCTIC
FLAT	MANGYARING
PANSARILING	NAHULOG

Puzzle 100

```
D I N N E R G O Y A B A B I K
P X H Q S Z B T R S B G O J U
Y C Q C G Y I U P I O M C B L
M T U C I N T M R L S N L T I
S R T Q U L T A M A S A K J P
D E X M U L B T O B K Q X I L
S Y M K F A S A T A T G A P O
O O X O Y R A L U B A K O B R
C G N U K B Y F R A T A G A K
Z U F B V A D C F N P L A N O
I P F I I G E N D P U F K Z I
W V S C A A M H Y J R E F Z N
L E Q F C Y S M P Y E G X O F
T L E S S O N K M E A L B G A
```

DINNER
PAGTATASA
IBABA
LESSON
SET
PLANO
BAGAY
MEAL
KAGAT
COMMUNITY

KULIPLOR
MGA
KASAMA
KULTURA
MEDYAS
NABABALISA
BOKABULARYO
PUGO
KUNG
ERUPT

Puzzle 1

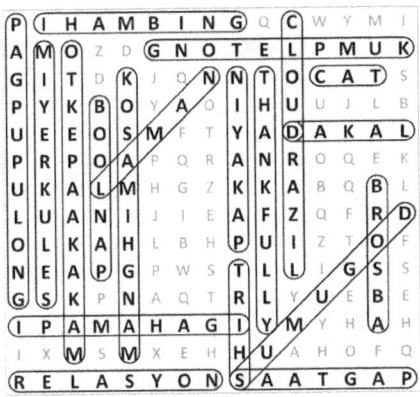

Puzzle 2

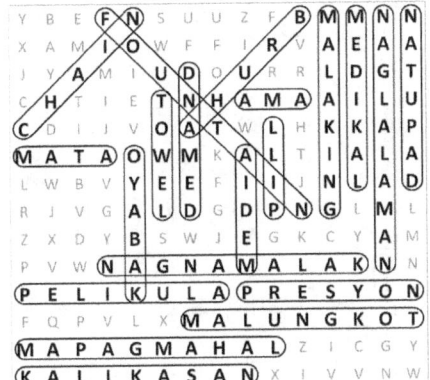

Puzzle 3

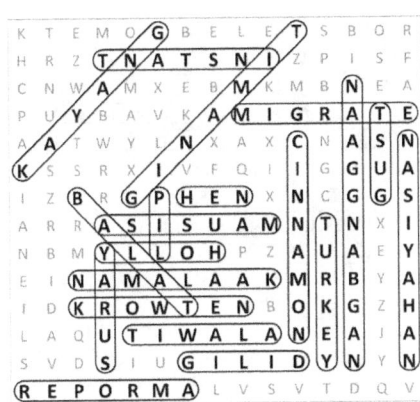

Puzzle 4

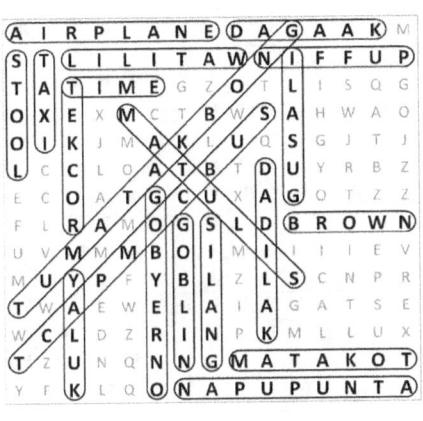

Puzzle 5

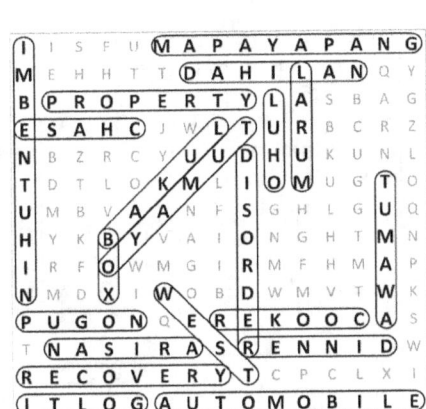

Puzzle 6

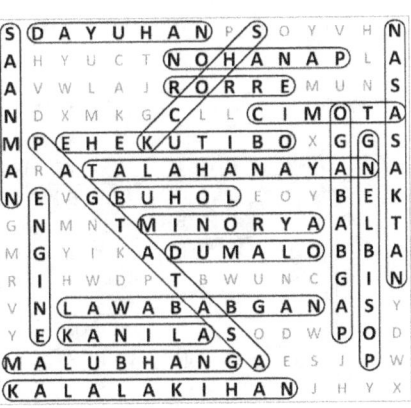

Puzzle 7

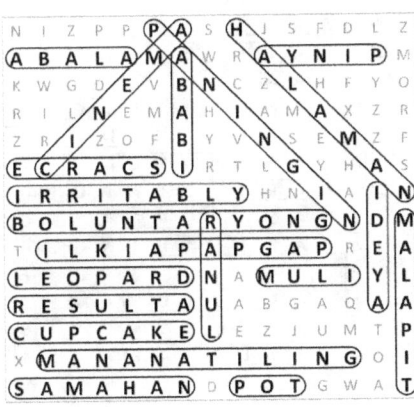

Puzzle 8

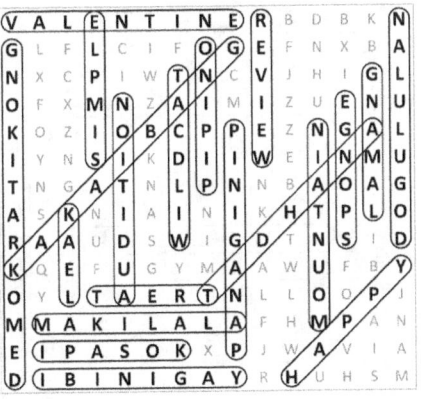

Puzzle 9

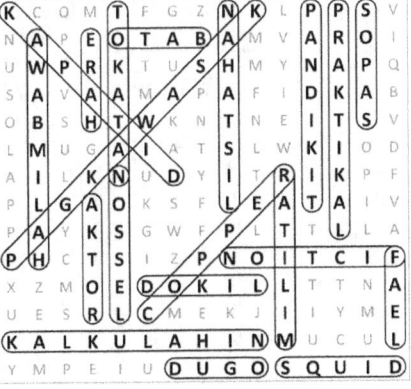

Puzzle 10

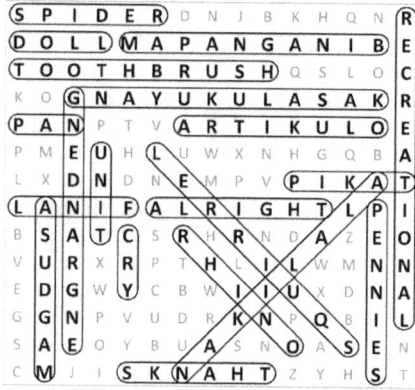

Puzzle 11

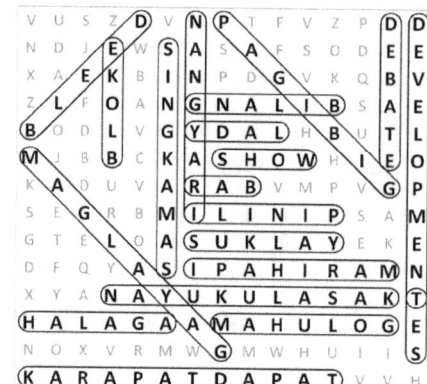

Puzzle 12

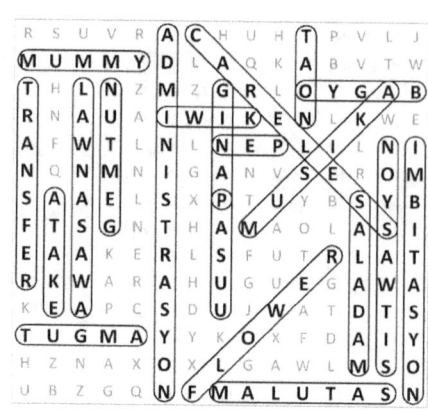

Puzzle 13

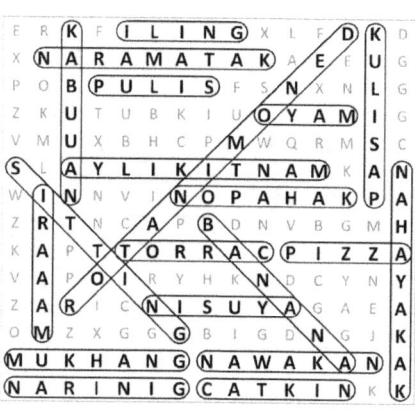

Puzzle 14

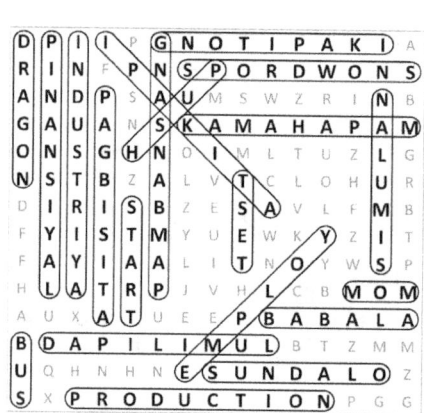

Puzzle 15

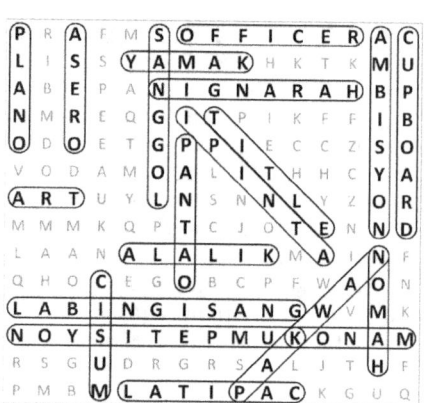

Puzzle 16

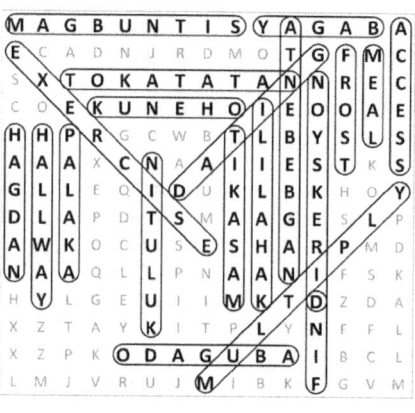

Puzzle 17

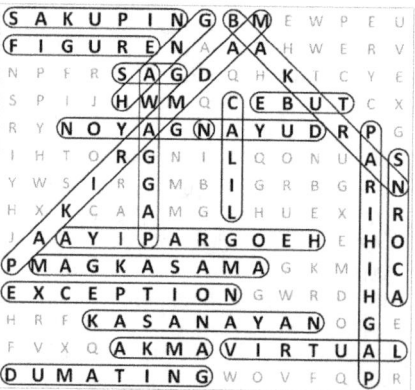

Puzzle 18

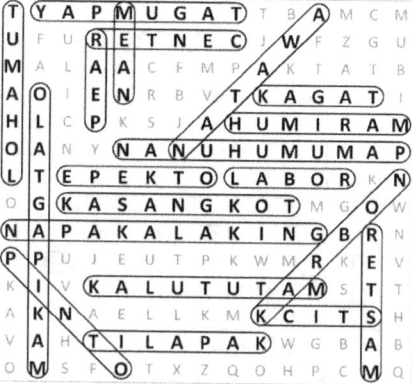

Puzzle 19

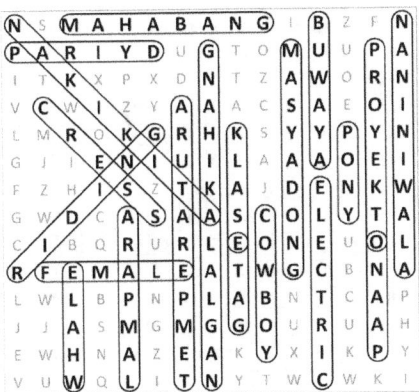

Puzzle 20

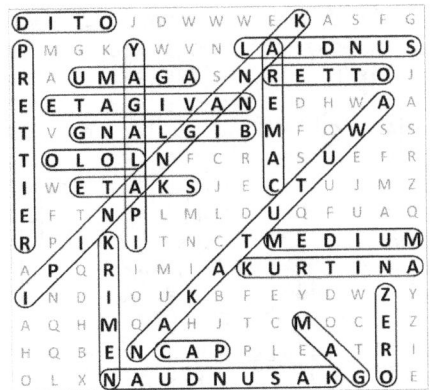

Puzzle 21

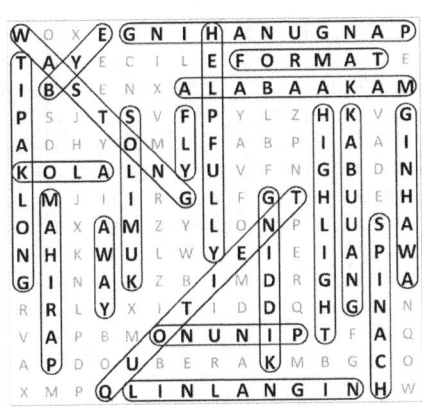

Puzzle 22

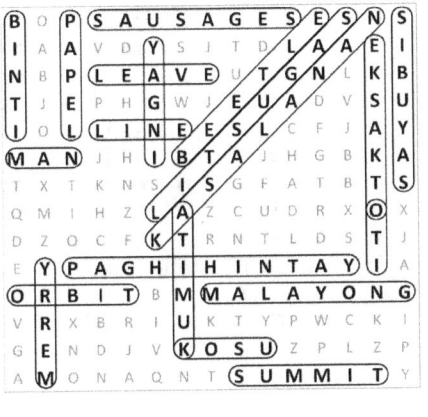

Puzzle 23

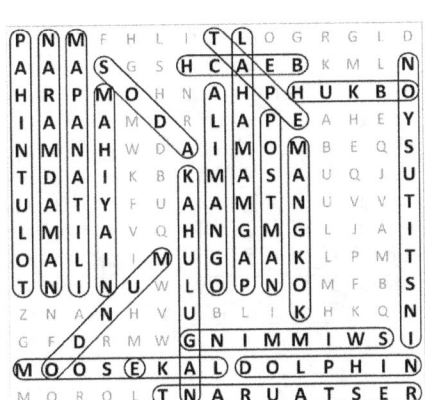

Puzzle 24

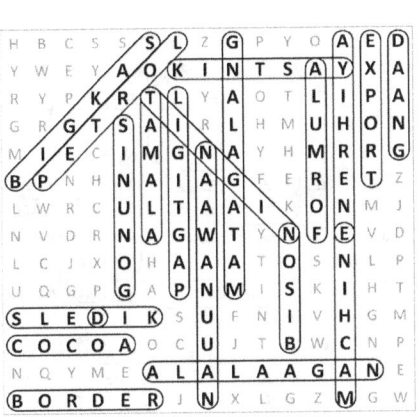

Puzzle 25

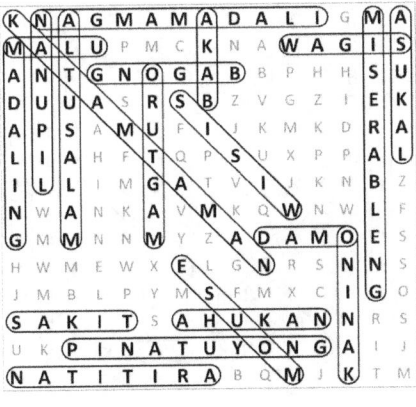

Puzzle 26

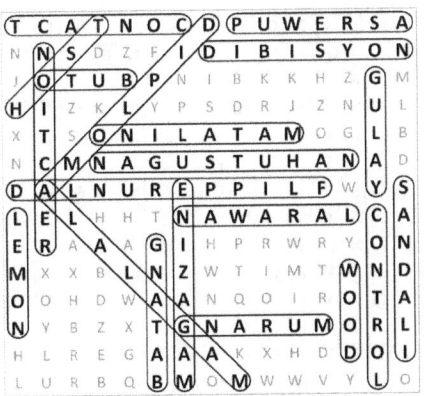

Puzzle 27

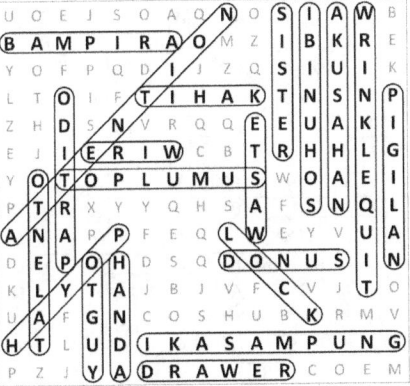

Puzzle 28

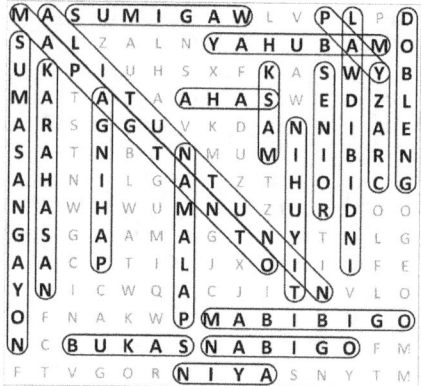

Puzzle 29

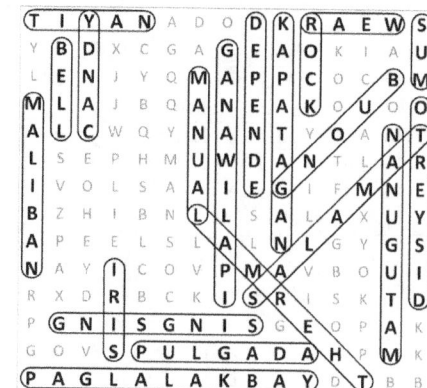

Puzzle 30

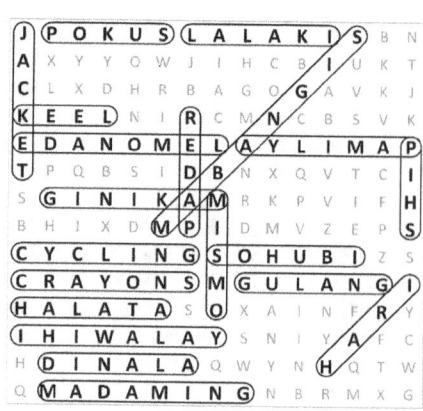

Puzzle 31

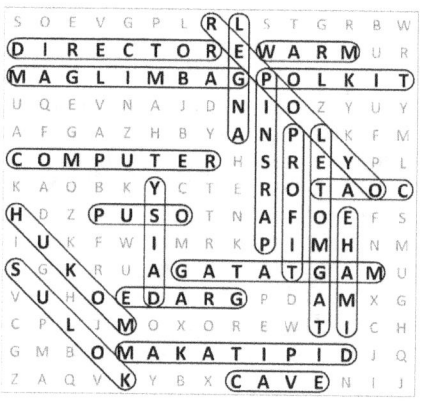

Puzzle 32

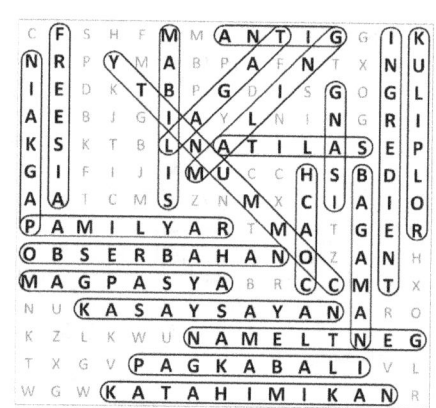

Puzzle 33

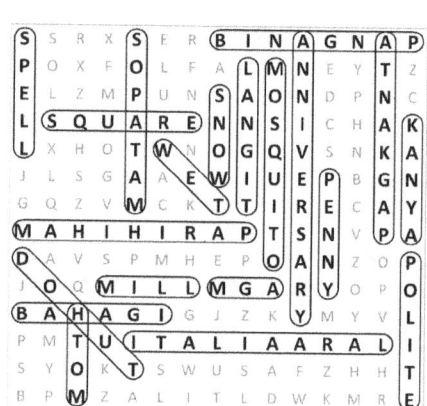

Puzzle 34

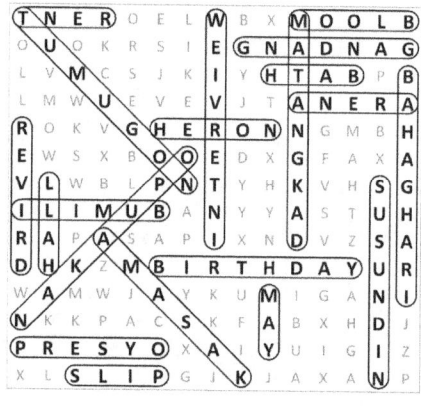

Puzzle 35

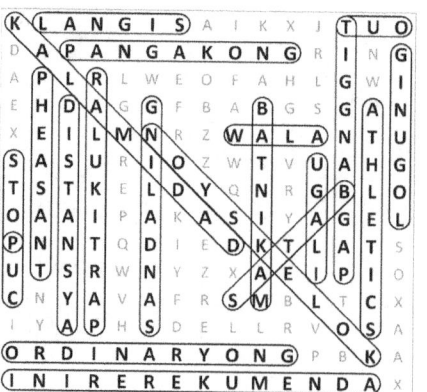

Puzzle 36

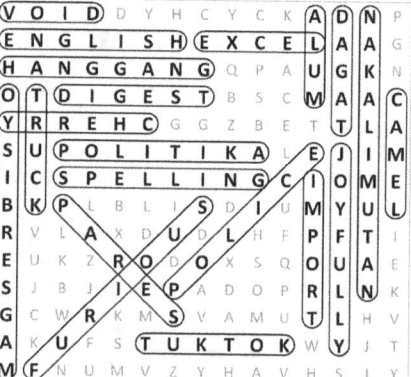

Puzzle 37

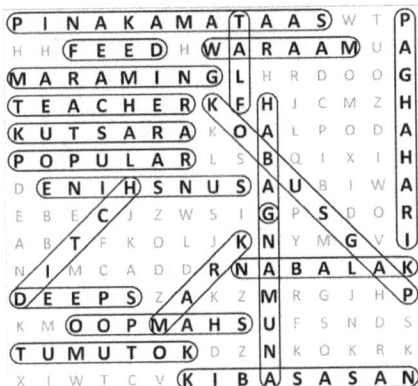

Puzzle 38

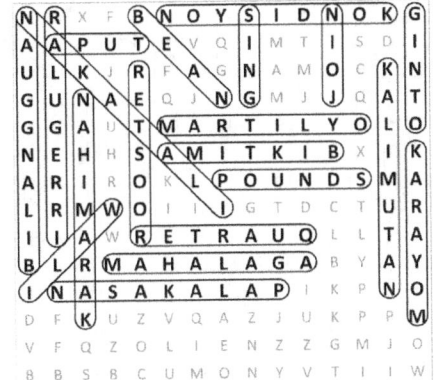

Puzzle 39

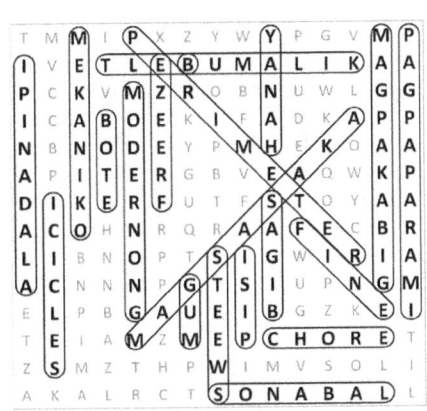

Puzzle 40

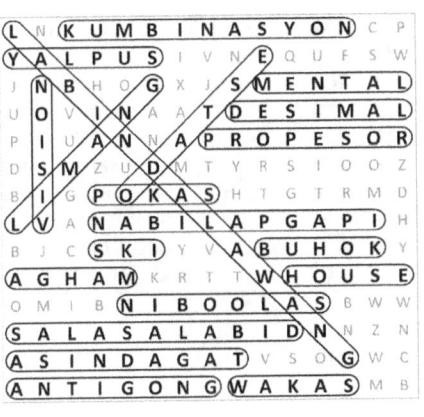

Puzzle 41

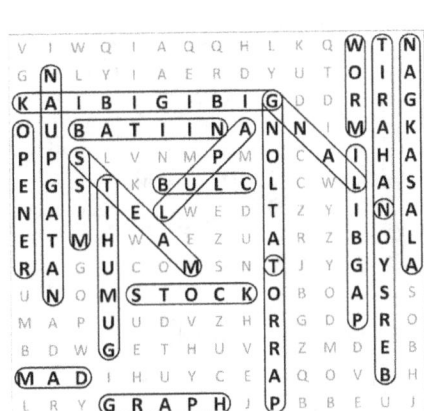

Puzzle 42

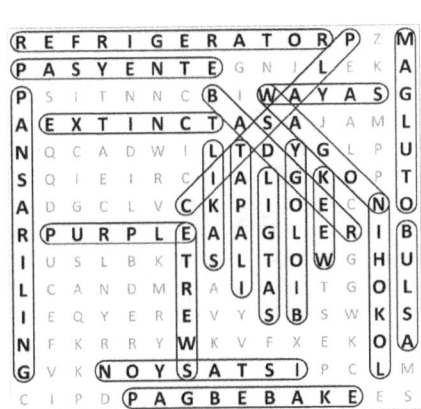

Puzzle 43

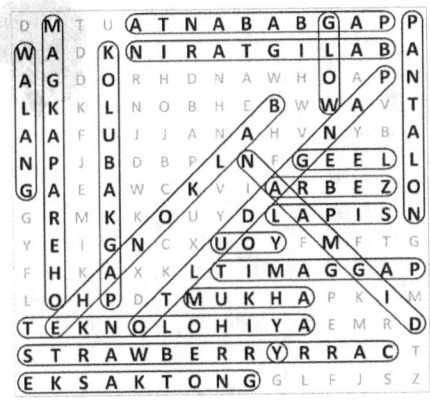

Puzzle 44

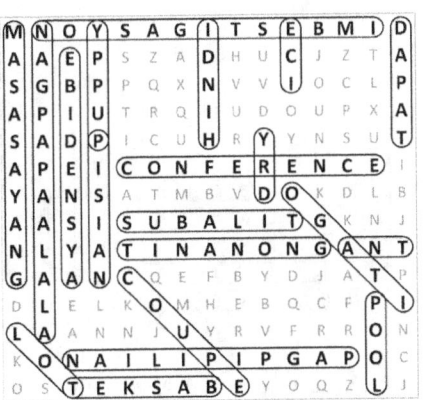

Puzzle 45

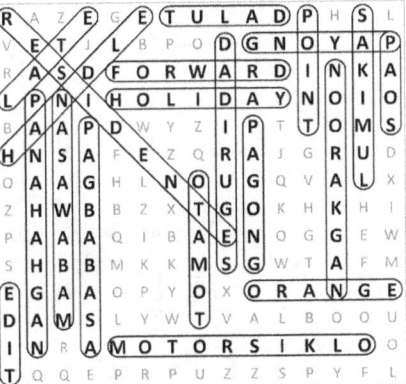

Puzzle 46

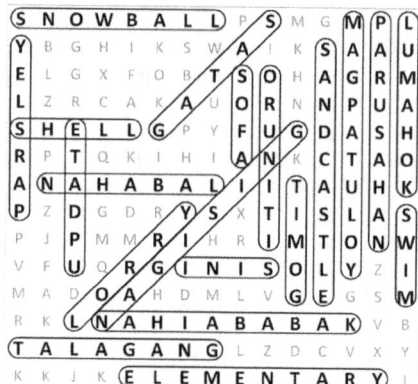

Puzzle 47

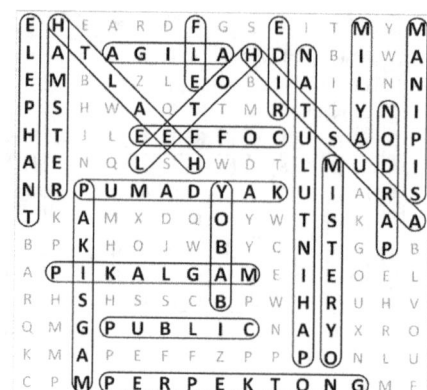

Puzzle 48

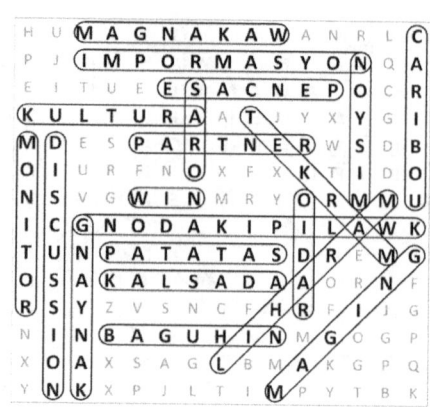

Puzzle 49

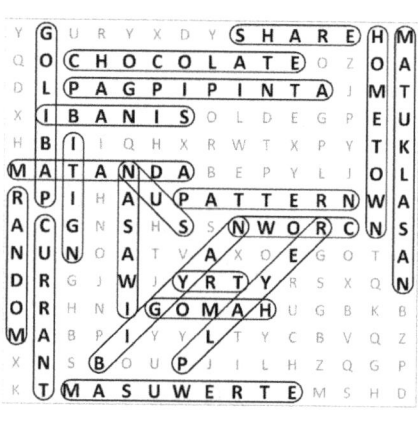

Puzzle 50

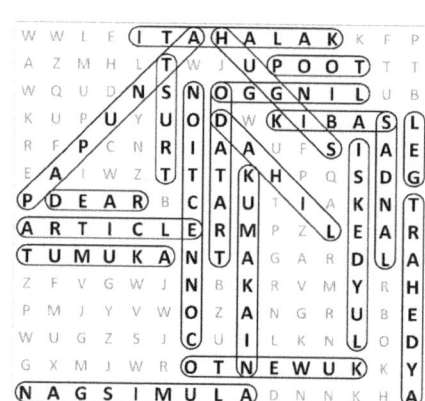

Puzzle 51

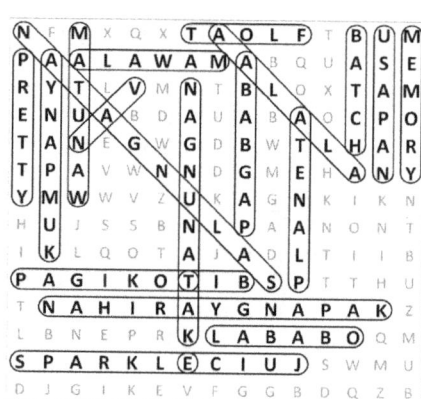

Puzzle 52

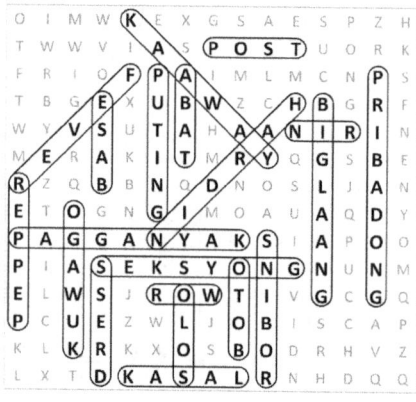

Puzzle 53

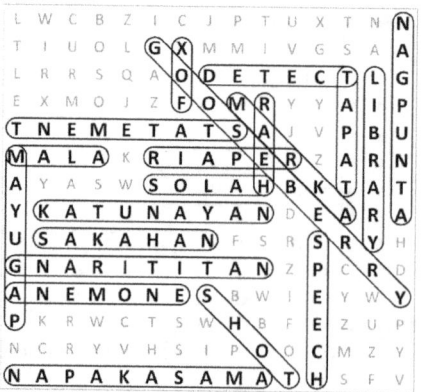

Puzzle 54

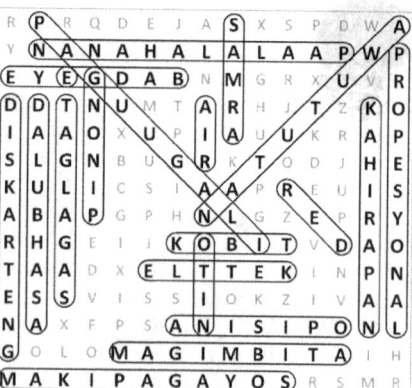

Puzzle 55

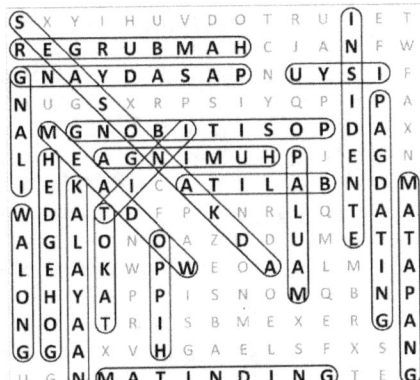

Puzzle 56

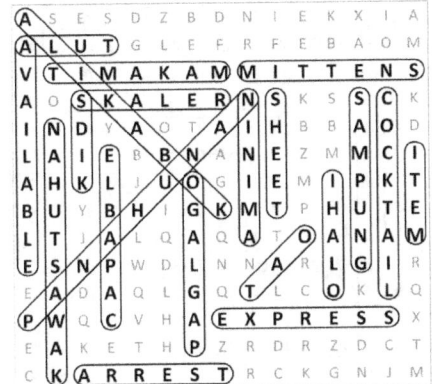

Puzzle 57

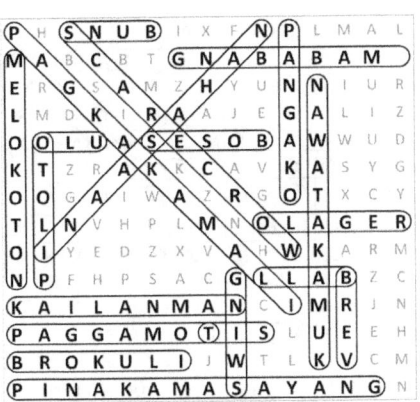

Puzzle 58

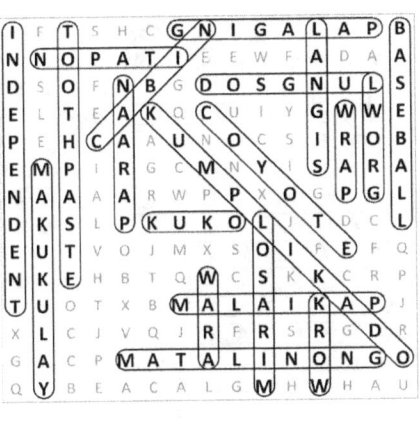

Puzzle 59

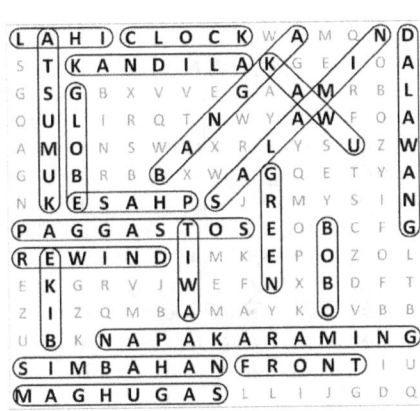

Puzzle 60

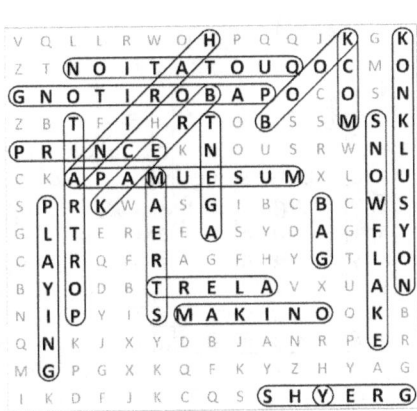

Puzzle 61

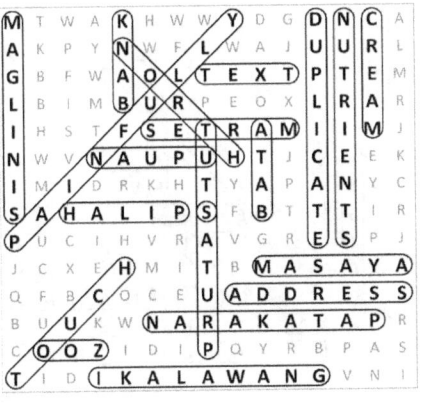

Puzzle 62

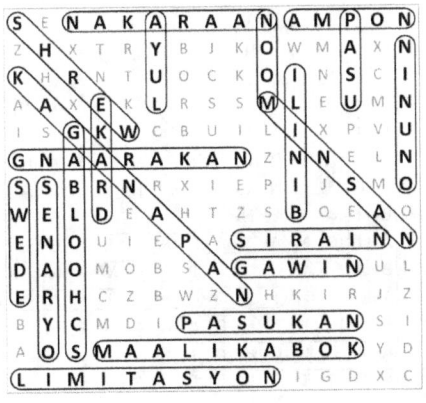

Puzzle 63

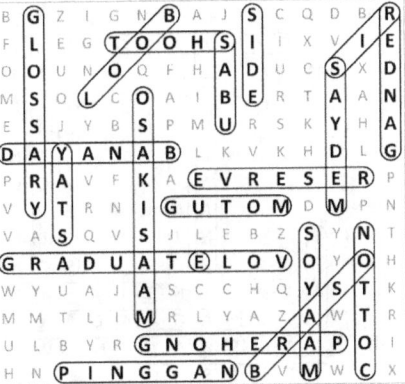

Puzzle 64

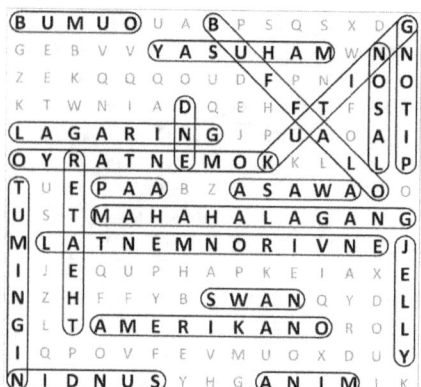

Puzzle 65

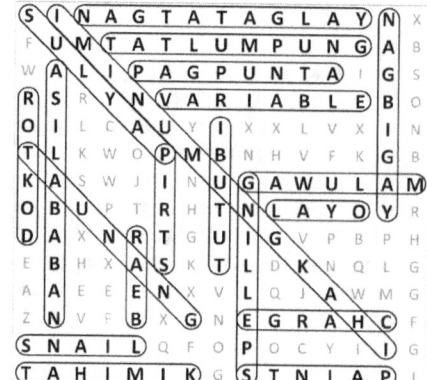

Puzzle 66

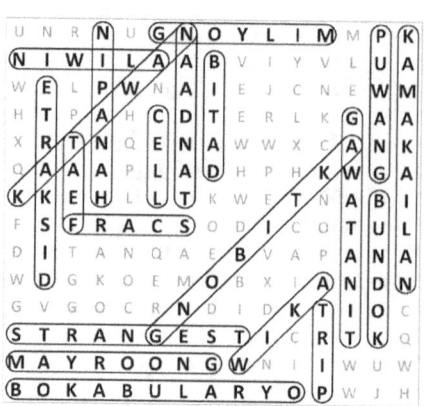

Puzzle 67

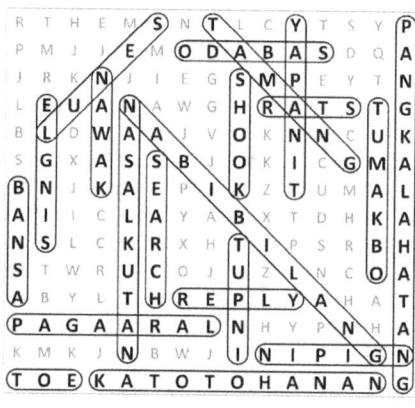

Puzzle 68

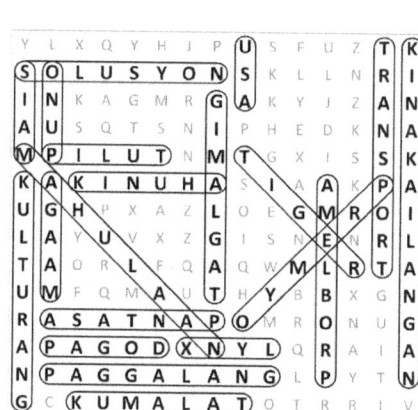

Puzzle 69

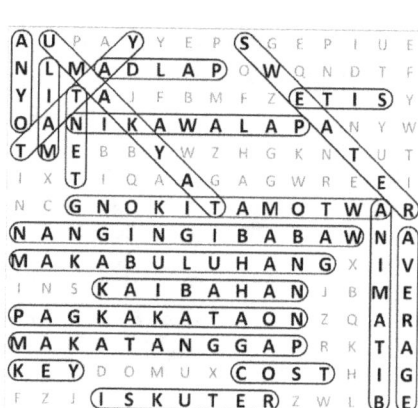

Puzzle 70

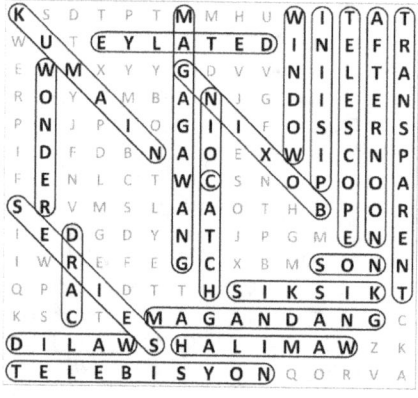

Puzzle 71

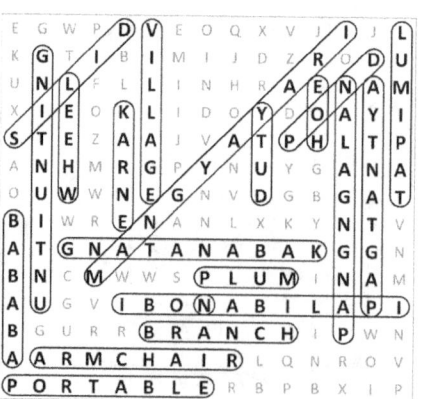

Puzzle 72

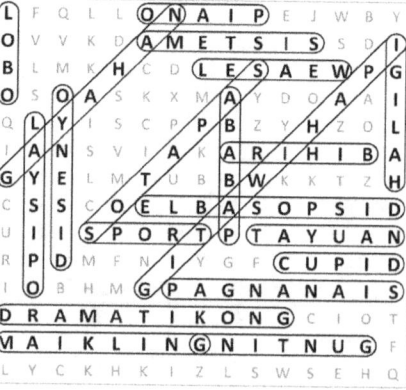

Puzzle 73

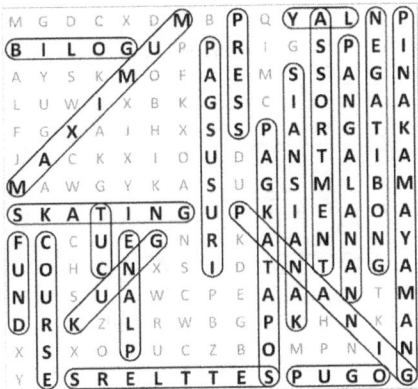

Puzzle 74

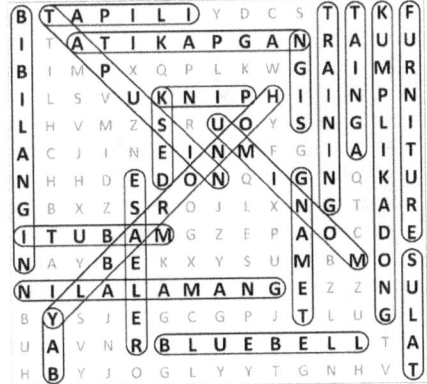

Puzzle 75

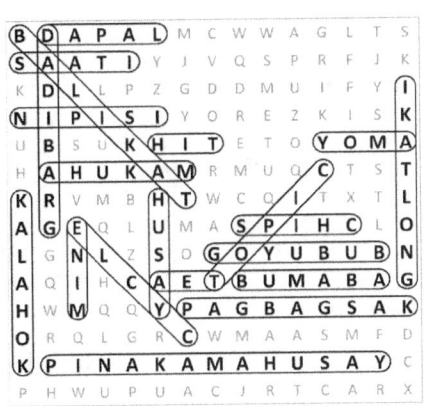

Puzzle 76

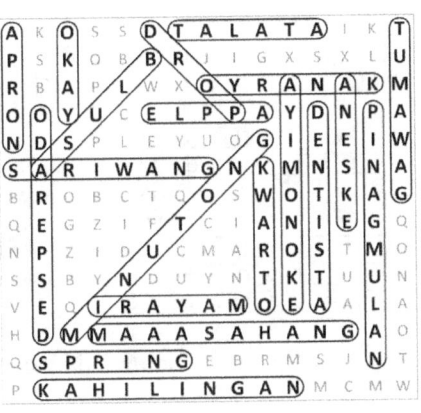

Puzzle 77

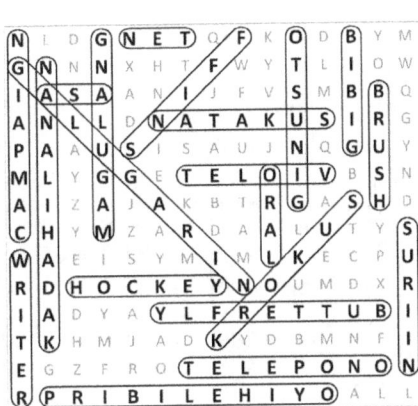

Puzzle 78

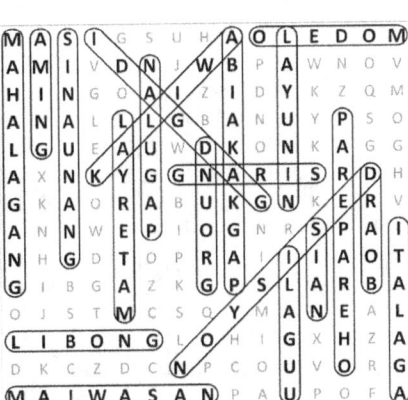

Puzzle 79

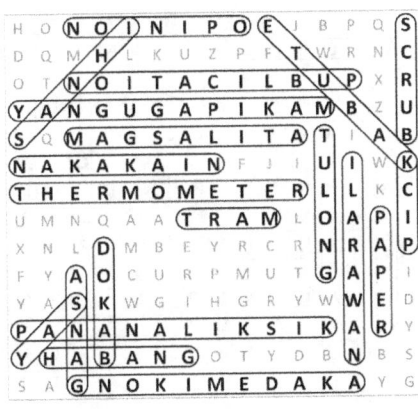

Puzzle 80

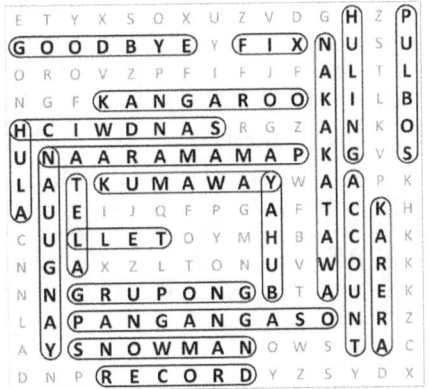

Puzzle 81

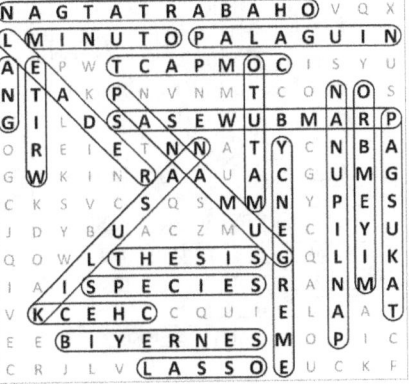

Puzzle 82

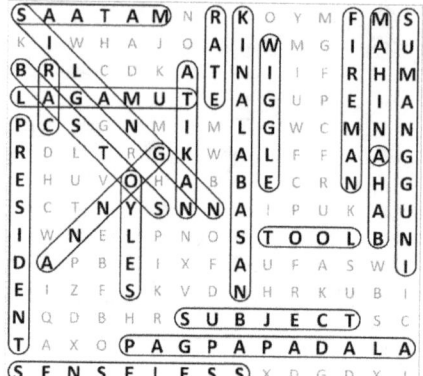

Puzzle 83

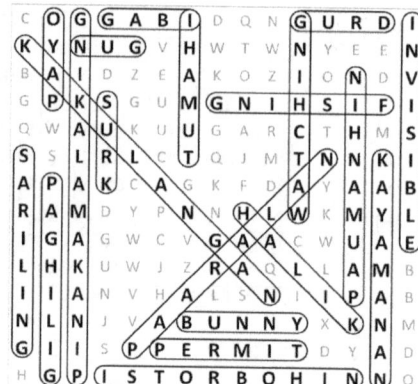

Puzzle 84

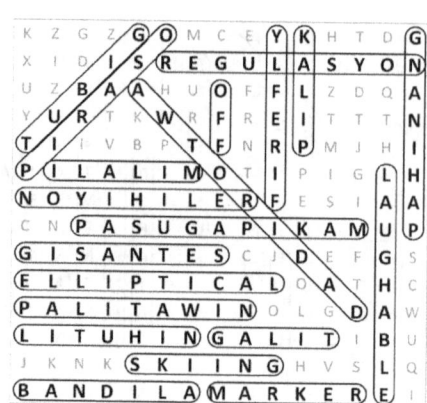

Puzzle 85

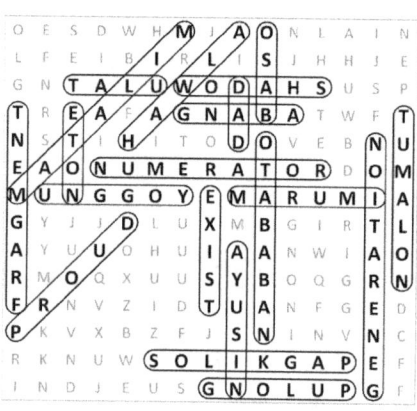

Puzzle 86

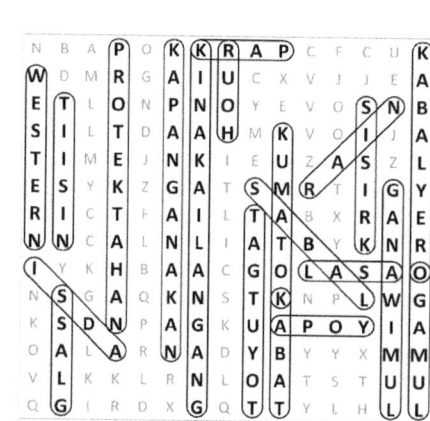

Puzzle 87

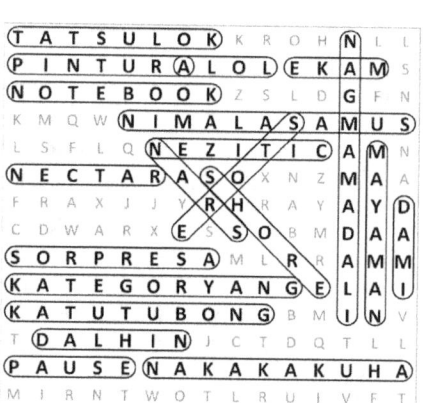

Puzzle 88

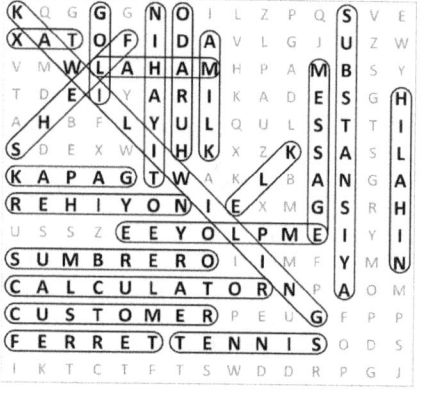

Puzzle 89

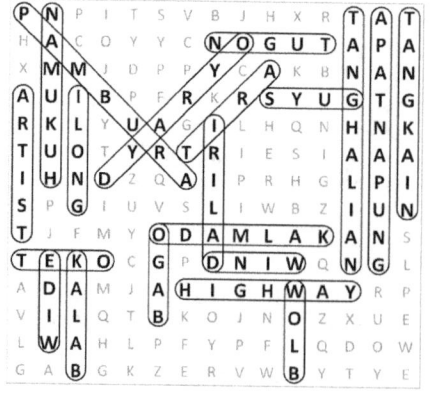

Puzzle 90

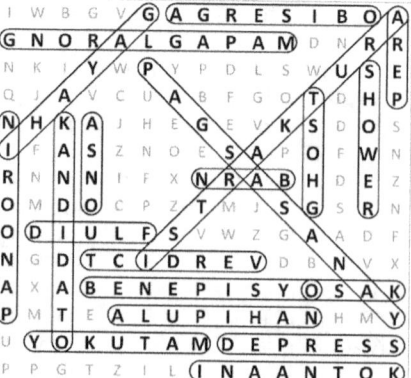

Puzzle 91

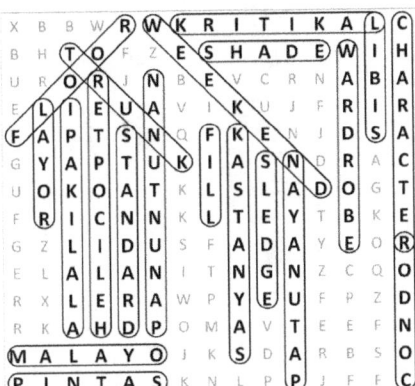

Puzzle 92

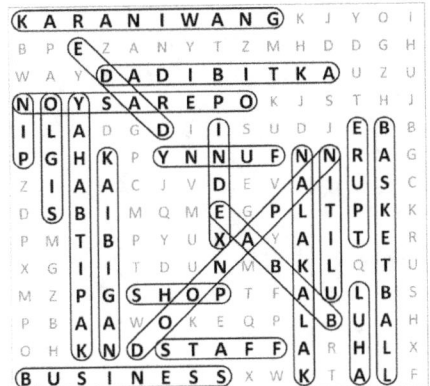

Puzzle 93

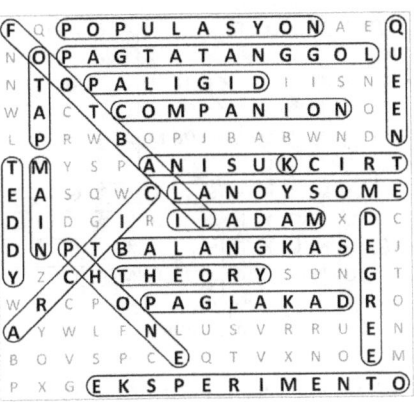

Puzzle 94

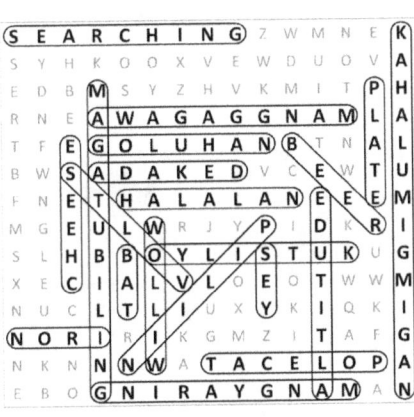

Puzzle 95

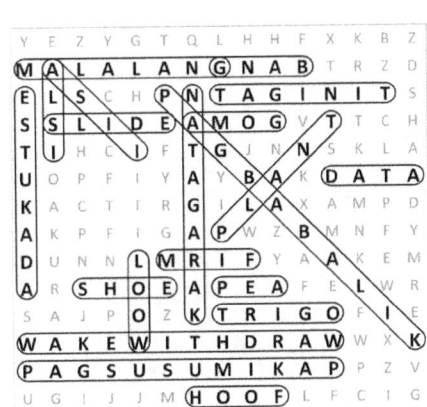

Puzzle 96

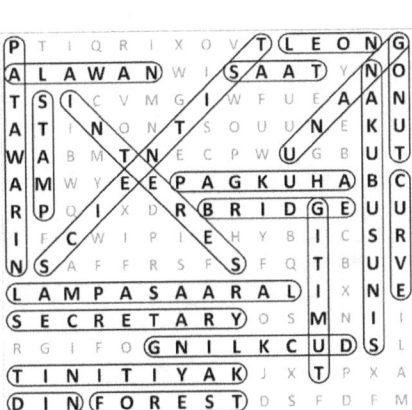

Puzzle 97

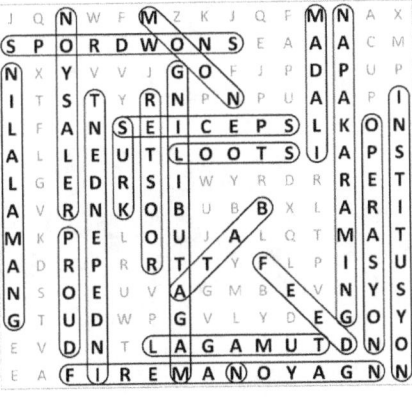

Puzzle 98

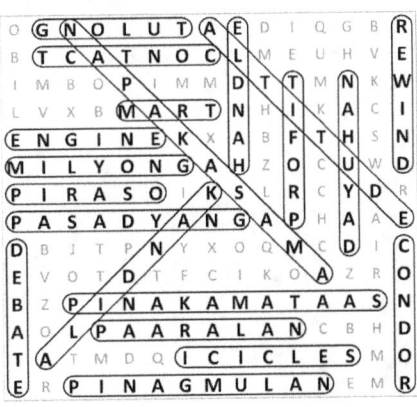

Puzzle 99

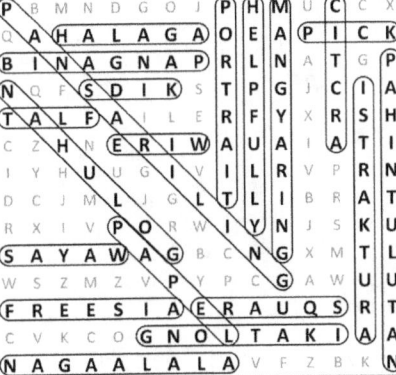

Puzzle 100

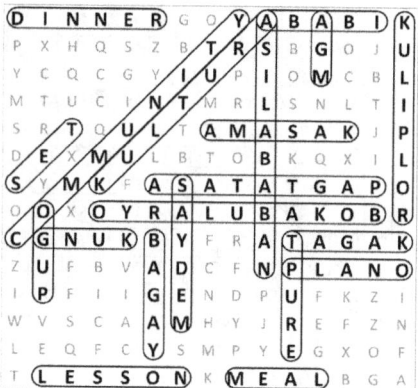

Congratulations

You made it!

We hope you enjoyed this book as much as we enjoyed making it. We do our best to make high quality games.

These puzzles are designed in a clever way to actively spark the brain and make it sharp and quick!
Did you love them?

A Simple Request

Our books exist thanks to the reviews you post on Amazon. Could you help us by leaving a review now?

Here is a short link which will take you to your Amazon orders review page.

BestBooksActivity.com/Review50

MONSTER CHALLENGE!

Challenge #1

Ready for Your Bonus Game? We use them all the time but they are not so easy to find. Here are **Synonyms**!

Note 5 words you discovered in each of the Puzzles noted below (#21, #36, #76) and try to find 2 synonyms for each word.

Note 5 Words from *Puzzle 21*

Words	Synonym 1	Synonym 2

Note 5 Words from *Puzzle 36*

Words	Synonym 1	Synonym 2

Note 5 Words from *Puzzle 76*

Words	Synonym 1	Synonym 2

Challenge #2

Now that you are warmed-up, note 5 words you discovered in each Puzzle noted below (#9, #17, #25) and try to find 2 antonyms for each word.
How many lines can you do in 20 minutes?

Note 5 Words from **Puzzle 9**

Words	Antonym 1	Antonym 2

Note 5 Words from **Puzzle 17**

Words	Antonym 1	Antonym 2

Note 5 Words from **Puzzle 25**

Words	Antonym 1	Antonym 2

Challenge #3

Wonderful, this monster challenge is nothing to you!

Ready for the last one? Choose your 10 favorite words discovered in any of the Puzzles and note them below.

1.	6.
2.	7.
3.	8.
4.	9.
5.	10.

Now, using these words and within a maximum of six sentences, your challenge is to compose a text about a person, animal or place that you love!

Tip: You can use the last blank page of this book as a draft!

Your Writing:

Explore a Unique Store
Set Up **FOR YOU!**

MEGA DEALS

BestActivityBooks.com/**TheStore**

Designed for **Entertainment**!

Light Up Your Brain With Unique **Gift Ideas**.

Access **Surprising** And **Essential Supplies**!

CHECK OUT OUR MONTHLY SELECTION NOW!

- Expertly Crafted Products -

NOTEBOOK:

SEE YOU SOON!

Delta Classics Team

www.ingramcontent.com/pod-product-compliance
Lightning Source LLC
Chambersburg PA
CBHW082107120626

46553CB00011B/3584